essentials

Essentials liefern aktuelles Wissen in konzentrierter Form. Die Essenz dessen, worauf es als „State-of-the-Art" in der gegenwärtigen Fachdiskussion oder in der Praxis ankommt. Essentials informieren schnell, unkompliziert und verständlich.

- als Einführung in ein aktuelles Thema aus Ihrem Fachgebiet
- als Einstieg in ein für Sie noch unbekanntes Themenfeld
- als Einblick, um zum Thema mitreden zu können.

Die Bücher in elektronischer und gedruckter Form bringen das Expertenwissen von Springer-Fachautoren kompakt zur Darstellung. Sie sind besonders für die Nutzung als eBook auf Tablet-PCs, eBook-Readern und Smartphones geeignet.

Essentials: Wissensbausteine aus den Wirtschafts-, Sozial- und Geisteswissenschaften, aus Technik und Naturwissenschaften sowie aus Medizin, Psychologie und Gesundheitsberufen. Von renommierten Autoren aller Springer-Verlagsmarken.

Burkhard Bierhoff

Konsumismus

Kritik einer Lebensform

2., überarbeitete Auflage

 Springer VS

Prof. Dr. Burkhard Bierhoff
Brandenburgische Technische
Universität Cottbus-Senftenberg
Cottbus
Deutschland

ISSN 2197-6708   ISSN 2197-6716 (electronic)
essentials
ISBN 978-3-658-12222-5   ISBN 978-3-658-12223-2 (eBook)
DOI 10.1007/978-3-658-12223-2

Die Deutsche Nationalbibliothek verzeichnet diese Publikation in der Deutschen Nationalbibliografie; detaillierte bibliografische Daten sind im Internet über http://dnb.d-nb.de abrufbar.

Springer VS

1. Auflage: Centaurus Verlag & Media 2013

Gedruckt auf säurefreiem und chlorfrei gebleichtem Papier

Springer Fachmedien Wiesbaden ist Teil der Fachverlagsgruppe Springer Science+Business Media
(www.springer.com)

Was Sie in diesem essential finden können

- Konsumismus als totalitäre Lebensform
- Entmündigung des Konsumenten
- Krankmachender Konsum
- Alternative Lebensstile

Inhaltsverzeichnis

Vorbemerkung

Die vorliegende Arbeit ist das Resümee einer langjährigen Beschäftigung mit der Thematik des Konsums. Entscheidende Impulse gingen von der Lektüre der Schriften von Erich Fromm, Pier Paolo Pasolini, Herbert Marcuse, Rudolf Bahro und Peter Brückner aus. Eingebettet ist das Thema in die Zivilisations- und Bewusstseinskritik und mit der Gefahr des Exterminismus, der Selbstvernichtung der gegenwärtigen Zivilisation, konfrontiert. Es ist aber auch mit der Suche nach sozialökologischen Ansätzen der Rettungsdynamik verbunden und fragt nach dem Potenzial an nachhaltiger Entwicklung in den Lebensstilen. Hier erscheint die „freiwillige Einfachheit" als neue seinsorientierte Lebensweise bedenkenswert. Richard Gregg hatte sich bereits in den 1930er-Jahren mit großer Weitsicht dieses Themas angenommen. Heute wird der einfache Lebensstil unter anderem von Duane Elgin vertreten. Ein verändertes Konsumverhalten wird gegenwärtig von den LOHAS praktiziert, die die Lebensstile, die an Nachhaltigkeit und Gesundheit orientiert sind, repräsentieren. Das Thema hat auch eine globale Dimension, auf die etwa Jared Diamond und Chandran Nair aufmerksam gemacht haben. Die asiatischen Länder wie Indien und China passen sich in ihrer Wirtschaftsweise an den kapitalistischen Westen an und steigern ihr Wirtschaftswachstum mit all den Problemen, die im Westen über Jahrzehnte verbreitet waren. Das diesbezügliche Weltverhältnis, dem ein Selbstbedienungsladen Vorbild war, wird weltweit übernommen. Die Folgen liegen in der Ausplünderung von Ressourcen, der Ausbeutung von Lebewesen mit der Anhäufung von Schäden, für die niemand die Verantwortung und Begleichung übernehmen will.

Die Beschäftigung mit dem übersteigerten Konsum ist heute ein Kristallisationskern für radikale Gesellschaftskritik. Der Konsumismus ist mit erkennbaren und weitreichenden Folgen verbunden, die ihn als gesellschaftliche Grundstruktur in Frage stellen und ablösen werden. Obwohl die sich zuspitzende Situation seit mehreren Jahrzehnten bekannt ist, sind die unternommenen Bemühungen bei wei-

© Springer Fachmedien Wiesbaden 2016
B. Bierhoff, *Konsumismus,* essentials, DOI 10.1007/978-3-658-12223-2_1

tem nicht ausreichend, die globale Situation zu beruhigen. Weder kann die Überlebensfähigkeit noch die moralische Berechtigung des Führungsanspruchs der westlichen Zivilisation belegt werden.

Das Konsumthema ist auch Schnittpunkt gesellschaftlicher und psychosozialer Prozesse. Es reflektiert bestimmte Folgen der kapitalistischen Produktionsweise, die auf den fossilen Energieträgern gründet. Es hat zu tun mit industriellen Großtechnologien, mit der Maximierung von Macht und Profit und einem puren Ökonomismus, dem nichts heilig ist und der die Prozesse der Desakralisierung und Dehumanisierung beschleunigt. Dieser Ökonomismus ist mit der von Lewis Mumford so bezeichneten Megamaschine legiert, deren Funktionsweise er optimiert, so dass das alltägliche Leben zunehmend den Einflüssen von Bürokratie und Technokratie unterworfen wird. Es erfolgt die Verwaltung und Organisation von „Menschenmaterial", womit entweder das lebendige Arbeitsvermögen bezeichnet wird oder die Aussonderung von Menschen, die zu der gesellschaftlich geforderten Arbeits- und Konsumleistung nicht in der Lage sind. Tiere in der Fleischproduktion sind einfach nur namenloses „Vieh", das sich von Haustieren, denen von ihren Haltern Individualität zugesprochen wird, deutlich unterscheidet. So grob und lieblos, wie diese Milliarden namenloser Tiere behandelt werden, so desinteressiert, gefühllos und gleichgültig verhält sich der Mensch als Konsument. Der Glanz, der den Produkten der Warenwelt durch die Warenästhetik verliehen wird, steht in einem krassen Gegensatz zu den stumpfen und brutalen Verwertungs- und Ausbeutungsprozessen all der Ressourcen, die in der Nahrungsmittel- und Gebrauchsgüterproduktion für den Konsum erschlossen werden. Die Nahrungsmittelproduktion in Agrarwüsten und Fleischfabriken, mit den Qualen der Tiere in der Massenhaltung und Fließbandschlachtung, zeigen die Kehrseite des ästhetisierten Konsumverhaltens. Den Wurst- und Fleischwaren an der Frischtheke sieht man ihren Produktionsprozess nicht an.

Der Ökonomismus und Konsumismus hat ferner Bezüge zur Erziehung und Bildung, geht es Mittelschichteltern doch oft darum, ein vorzeigbares Kind zu haben, das begabt und erfolgreich ist, oder um eine „Bildungsinvestition" in seinen Werdegang, die mit der erwarteten hohen Rendite legitimiert wird. Auch in der Sozialarbeit, in der Alten- und Krankenpflege, die ebenso der Rationalisierung und dem Profitstreben unterworfen sind, spielt die Ökonomie die bestimmende Rolle. Alles muss sich rechnen, so dass unternehmerische Profite abgeschöpft werden können. Im Gesundheitswesen wird die Illusion der pharmazeutisch erzeugbaren Gesundheit durch eine exzessive Verschreibungspraxis von Medikamenten genährt, hinter der die Interessen der pharmazeutischen Industrie stehen.

In der westlichen Zivilisation und inzwischen weltweit ist der Konsumismus als Lebensform verallgemeinert. Wer in dieser Lebensform heranwächst, kann sie zunächst nur aus der Perspektive der Eingewöhnung und des Mitmachens betrachten. Sie wirkt dabei wie selbstverständlich und harmlos. Wir sind eben als Mitglieder dieser Gesellschaft veranlasst, uns unsere Existenz als Konsumenten auf dem Markt zu kaufen. Wir verbrauchen und konsumieren, um uns am Leben zu halten. Die destruktiven Folgen für Umwelt und Natur, uns selbst und die Mitmenschen auf allen Kontinenten der Erde, auch für die Mitgeschöpfe in der Welt der Tiere und Pflanzen, blenden wir aus. Eine Alternative zu diesem Überkonsum können wir uns kaum vorstellen, da wir Verzicht als einen Angriff auf unseren Wohlstand und unsere Identität begreifen.

Die Kehrseite der Massenproduktion, die im Zentrum der konsumistischen Lebensform steht, ist der Müll. Dieser wird jedoch außer Sicht gebracht, „entsorgt", obwohl es in Bezug auf Hausmüll, Plastikmüll, Technomüll, Sperrmüll und Giftmüll keine Sorglosigkeit geben kann, denn im Allgemeinen gerät dieser Müll nur aus unseren Augen, ohne wirklich zu verrotten und in unschädliche natürliche Bestandteile zu zerfallen. Weder die Produktionstechnologien noch die Produkte sind wirklich umweltverträglich. Michael Braungart und William McDonough weisen darauf hin, dass die Menschen die einzigen Lebewesen auf dem Planeten sind, die Müll produzieren. Lässt sich das Müllproblem lösen, so wäre damit auch das Umweltproblem in einer wesentlichen Dimension gelöst. Ihr Konzept geht dahin, zwei Stoffkreisläufe zu etablieren, einen natürlichen, der nur ungiftige verrottbare Produkte, z. B. Möbel und Kleidung, beinhaltet, die der Natur gleichsam zurückgegeben werden können, und einen geschlossenen Stoffkreislauf, in dem giftige Materialien so benutzt werden, dass sie vollständig recycelt und einer erneuten Verwendung zugeführt werden können. Andere Autoren plädieren für eine weitgehende Abschaffung von Großtechnologien und streben eine konviviale Technik in dezentralisierten Strukturen an wie etwa Ivan Illich.

Die vorliegende Arbeit deckt diese weitgespannten Problemfelder nicht in umfassenden detaillierten Studien ab, sondern präferiert eine selektive Vorgehensweise, die besonders den Güterwohlstand betont, der mit einer Disziplinierung des Konsumenten verbunden ist, der die menschlichen Bedürfnisse in ihrer Tiefenstruktur verändert und kompensatorisch dienstbar macht. Dies geht nur mittels der Kommodifizierung des Konsumenten, der weitgehend in die Warenstruktur eingebunden wird und in seiner Lebensführung dem Kreislauf des Kaufens, aber auch der eigenen Verkäuflichkeit auf dem Personal- und Arbeitsmarkt unterworfen ist.

Weiterhin werden die psychosozialen und globalen Konsequenzen des Konsumismus aufgezeigt, die vom krankmachenden Konsum bis zur Selbst- und Weltzerstörung reichen. Schließlich werden Fragen erörtert, wie aus dem Teufelskreis des Konsumismus herausgefunden werden kann und welche Schritte zu einem nachhaltigen Lebensstil führen können. Der Konsumismus hat aufgrund seiner weltweiten zerstörerischen Wirkungen nur eine temporäre Dauer. Er wird in absehbarer Zeit zu seinem Ende kommen. Es liegt an uns, die Folgen zu begrenzen und neue lebensdienliche Sozialformen und Konsummuster zu entwickeln.

Einführung

Konsum erscheint als etwas Alltägliches und Selbstverständliches. Er ist uns vertraut und wir praktizieren ihn. Konsum bedeutet zunächst einmal nichts anderes als Verbrauch. Wir verbrauchen Nahrungsmittel und Kleidung, um unser Leben zu erhalten und uns vor Kälte, Regen oder Sonne zu schützen. In diesem Sinne sind Menschen immer schon Verbraucher gewesen. Auch die Tiere sind auf Nahrung angewiesen und verbrauchen etwas. Der gravierende Unterschied besteht darin, dass die Menschen planvoll ihren Bedarf einschätzen und durch ganz unterschiedliche Aktivitäten absichern können. Während die Bedürfnisse von Tieren mit ihren Instinkten verwoben sind und im Prinzip gleich bleiben, verändern sich die Bedürfnisse von Menschen im Zusammenhang mit ihren Aktivitäten. Die gezielte Beschaffung und schließlich Produktion der Mittel der Bedürfnisbefriedigung verändert die Bedürfnisse. Zu dieser Einsicht gelangen Marx und Engels, wenn sie als die erste geschichtliche Tat des Menschen die Produktion der Mittel der Bedürfnisbefriedigung bezeichnen, die zugleich die Produktion neuer Bedürfnisse bedeutet.

Im Gegensatz zum Tier kann der Mensch mehr begehren. Es reicht ihm etwa nicht, nur satt zu sein, sondern er vermag die Genüsse durch Nahrungszubereitung zu kultivieren. Er schützt sich nicht nur durch Kleidung, sondern verleiht ihr eine ästhetische Dimension. Sein Verbrauch ist über den bloßen Selbsterhalt steigerbar, denn der Mensch möchte nicht nur überleben, sondern gut und besser leben, wie Alfred North Whitehead es formulierte. Durch die Weitergabe von Erfahrungen schaffen die Menschen Traditionen und Institutionen, die bewährte Lösungen beinhalten und das Leben etwas sicherer machen. Bodenbearbeitung und Züchtung ertragreicher Pflanzen, Domestizierung von Tieren und ihr Einsatz als Arbeitskräfte, Handwerk und Technik bis hin zu dem industriellen Arbeitsprozess und der Mikroelektronik haben das Leben der Menschen bestimmt und ihre Bedürfnisse verändert. Waren zunächst die Bedürfnisse der Menschen der Ausgangspunkt der Produktion, so sind diese Bedürfnisse heute in den Dienst der Produktion

© Springer Fachmedien Wiesbaden 2016
B. Bierhoff, *Konsumismus*, essentials, DOI 10.1007/978-3-658-12223-2_2

genommen. Nicht die Bedürfnisse bestimmen, was produziert wird, sondern die Produktion bestimmt, welche Bedürfnisse notwendig sind, damit weiter produziert werden kann. Längst sind es nicht alltägliche Gebrauchsgüter, die längerfristig Bedürfnisse befriedigen, sondern immer wieder neue Serien „verbesserter" Produkte mit einer kurzen Halbwertszeit, die möglichst schnell durch die neue, wiederum verbesserte Produktgeneration ersetzt werden sollen.

Im Laufe der Jahrhunderte hat sich der Verbrauch quantitativ und qualitativ verändert. Ein reichhaltiges Angebot auf den regionalen Märkten erlaubte eine erweiterte Reproduktion der alltäglichen Bedürfnisse. Hinzu kamen Luxusbedürfnisse. Eine Minderheit, die über den Zugang zu Ressourcen der Macht und des Geldes verfügte, nahm für sich das Privileg in Anspruch, einen produzierten Überschuss zu verbrauchen, ohne dafür Arbeit zu leisten. Mit der Massenproduktion wurde der Markt schließlich mit Waren überschwemmt, die den Konsumenten zum scheinbar „souveränen" Subjekt machten, das bei der Auswahl der Konsumobjekte frei wählen durfte. Das sich immer weiter ausdehnende Warensortiment mit seinen Werbeoffensiven veranlasste den Konsumenten zunehmend, sich seine Existenz auf dem Markt zu kaufen und sich durch den Konsum gesellschaftlich zu integrieren. Dieser massenhafte Konsum hat nichts mehr mit einem bemessenen Bedarf zu tun. Die Zugehörigkeit zur Konsumgesellschaft erhält man eben nicht durch maßvollen Konsum oder gar Verzicht, sondern durch den schrankenlosen, ungebremsten Konsum.

Für die Mitglieder der Konsumgesellschaft erscheint diese Integration in die Gesellschaft als selbstverständlich, werden doch Bedürfnisse, die subjektiv vorhanden sind, aufgenommen und befriedigt. Der Konsumismus ist zu einer Lebensform geworden, der die meisten Gesellschaftsmitglieder zustimmen. Diese Massenloyalität erscheint freiwillig, doch ist sie einerseits an die Selbstverständlichkeit einer scheinbar alternativlosen Massenkultur gebunden und andererseits das Produkt einer Bewusstseinsindustrie, die den Menschen durch defizitäre Sozialisation um Individuationsprozesse bringt und manipulativ an Surrogate der Warenwelt bindet. Der um Entfaltungschancen betrogene Mensch wird als Konsument stillgestellt und soll nicht einmal merken, wie mit ihm verfahren wird.

Im Konsumismus werden nicht nur Waren konsumiert, sondern auch Dienstleistungen und Wissen, die ebenfalls der Warenstruktur unterworfen sind. Dennoch stehen die Waren im Mittelpunkt, deren Herstellung umso ressourcenintensiver ist, je mehr und je schneller produziert und vernichtet wird. Dienstleistungen sind zwar in den Wirtschaftskreislauf eingebunden, aber in unterschiedlichem Maße Ressourcen verbrauchend. Die Dienstleistungen des Massentourismus etwa wirken sich auf die Umwelt zerstörend aus. Die Produktion wissenschaftlichen Wissens in der Forschung und Entwicklung hat in ihren technologischen Anwendungen extreme Auswirkungen auf die Umwelt, wie etwa das Beispiel der Gentechnik zeigt.

Pasolini beschrieb die moderne Gesellschaft mit der ihr eigenen konsumistischen Grundstruktur als eine neue repressive und totalitäre Herrschaftsform, der sich alle Völker zu unterwerfen haben. Er bezeichnete den „Zwang zum Konsum" als einen „Zwang zum Gehorsam gegenüber einem unausgesprochenen Befehl", der unterhalb der Wahrnehmungsschwelle liegt, so dass die Menschen nicht merken, wie die Freiheitsvorstellungen mit der Pflicht zum Konsumieren verbunden sind. Der Totalitarismus liegt darin, dass der Einzelne nicht nur veranlasst wird zu konsumieren, sondern dem Anspruch der Konsumideologie folgen soll, der darin liegt, „es dürfe keine andere Ideologie als die des Konsums geben". So kommt Pasolini zu seiner pointierten These, der Konsumismus sei nichts anderes „als eine neue Form des Totalitarismus". (Pasolini 1975, S. 30, 37, 63)

Er findet aber auch Verteidiger wie Norbert Bolz, der ihn als „Immunsystem" der westlichen Demokratien gegen Fundamentalismus und Terrorismus bezeichnet. Der aus anthropologischen und sozialen Gründen zu befürwortende Konsumismus werde mit seiner Ausdehnung in die entferntesten Winkel der Welt allen Menschen den konsumistischen Lebensstil aufprägen und sie von Despotismus und Fundamentalismus befreien.

Ein solcher Lobgesang auf den Konsumismus steht in krassem Gegensatz zu seinen tatsächlichen Wirkungen. Denn der Konsumismus wirkt weltweit als Destruktionskraft, indem er durch eine aggressive Strategie der Verwestlichung die Kulturen der Dritten Welt zerstört und eine extreme Nivellierung kultureller Alternativen nach sich zieht. In der Folge werden Kulturen, Sprachen und Sprachgemeinschaften mit ihren Lebensweisen und Ökonomien (Bedarfs- und Naturalwirtschaften) zerstört. Auch die Abholzung von Primärwäldern, die Erschöpfung von nicht erneuerbaren Ressourcen, Klimaveränderungen, Vergiftungen von Luft, Wasser und Nahrungsmitteln gehen auf das Konto des Konsumismus, der in seinem Kern ökonomistisch ist und eine Kultur der Effizienz und des Habens bildet. Die Verwestlichung der Welt scheint auf Überheblichkeit und Verantwortungslosigkeit, Gier und Intoleranz zu gründen, wie die Folgen zeigen: die Ausplünderung von Ressourcen, die Ausbeutung von Lebewesen, die Anhäufung von Schäden, für die niemand die Verantwortung und Begleichung übernehmen will.

Der Konsumismus ist auch als ein warenzentrierter Lebensstil zu beschreiben, der durch manipulative Werbestrategien bei den Käufern die Tendenz erzeugt, sich diese Waren anzueignen. Der Konsumismus rechnet mit der Irrationalität und Impulsivität des Konsumenten und stilisiert das Kaufen mit den Mitteln des Marketings zum Erlebnis. Es geht aber nicht um die Befriedigung des Käufers, sondern um die Bewegung der Waren von der Massenproduktion zum Massenmüll. Der Konsument hat den funktionalen Auftrag, innerhalb kürzester Zeit die Mehrzahl dieser Waren ihrer Bestimmung als Müll zuzuführen und zu vernichten. Seitens des Konsumenten darf keine Sättigung erfolgen, damit das im inneren Kräftespiel verankerte maximale Begehren immer wieder im Konsumverhalten zum Ausdruck drängt. Die Verhaltenssequenz vom Erwerb bis zur Vernichtung wird emotional als befriedigend empfunden, da im Allgemeinen ein neueres und besseres Modell an die Stelle des entsorgten Gegenstands tritt. Solange die materiellen Bedürfnisse nicht hinterfragt werden, die zu dieser Beschleunigung der Warenproduktion und ihres Verbrauchs geführt haben, bleibt die Bedürfnisbefriedigung dem Drehtürprinzip unterworfen. Die Wünsche des Konsumenten müssen ständig enttäuscht werden, damit die Nachfrage nach den immer wieder auf den Markt geworfenen Produkten aufrechterhalten bleibt.

Vom „Wohlstand für alle" zur Armut im Überkonsum

Seit den 1970er-Jahren ist der Massenkonsum zu einem aktuellen Thema geworden. Mit der ihn ermöglichenden Massenproduktion ist in den westlichen Industrienationen ein ungeheuerer Wohlstand entstanden. Dieser Wohlstand lässt sich mit Peter Brückner als „Güterwohlstand" bezeichnen. Er beruht auf der Quantität der Produktion und den materiellen Bedürfnissen und ist nicht auf das Wohlergehen („well-being") und die Entfaltung der Menschen bezogen.

Die prekären Folgen dieses Wohlstandskonzepts rückten bereits in den 1970er-Jahren in den Blickpunkt einer kritischen Öffentlichkeit. Mit ihrer rücksichtslosen Haltung zieht die den Konsumismus ermöglichende Wirtschaftsweise weder den Ressourcenverbrauch mit den weltweiten Folgen noch die humanitären Konsequenzen in Betracht.

Der mit dem Güterwohlstand einhergehende Überkonsum und Konsumismus ist mit der Vorstellung verbunden, dass menschliches Leben nur als Leben im Konsum denkbar ist. Die Botschaft des Konsumismus lautet: *Ich konsumiere, also bin ich.* Damit wird ausgedrückt, dass den Menschen nur als Konsumenten eine soziale und persönliche Identität und Existenzberechtigung zukommt. Dem entspricht, dass heute nicht nur die materielle Existenz, das physische Überleben, am Markt gekauft, sondern die totale Existenz mit der persönlichen und sozialen Identität und dem Identitäts- und dem Selbstwertgefühl über den Markt vermittelt wird.

Die neuere Geschichte des Konsums in der Bundesrepublik beginnt mit dem sogenannten Wirtschaftswunder der deutschen Nachkriegszeit, nachdem der Marshallplan den Wiederaufbau unterstützt und das neoliberale Konzept der Sozialen Marktwirtschaft die Expansion der Produktivkräfte stimuliert hatte. In der Tat führte das von Alfred Müller-Armack und Ludwig Erhard entwickelte marktwirtschaftliche Konzept zu einem Zuwachs an Wohlstand bzw. Kaufkraft breiter Bevölkerungsschichten. Im Unterschied zum Ökonomismus war der Neoliberalismus in dieser Epoche noch mit christlicher Sozialethik und politischen Moralvorstel-

lungen und entsprechenden Erwartungen an die Unternehmer verbunden. Mit der
Formel vom „Wohlstand für alle" (Ludwig Erhard) wurde das Ziel der sozialen
Marktwirtschaft zum Ausdruck gebracht, breiten Konsumentenschichten zunehmenden Wohlstand zu bringen. Statt Klassenkämpfe um die Distribution des vor-
handenen gesellschaftlichen Reichtums zu führen, sollte durch die Steigerung des
Sozialprodukts neuer Reichtum erwirtschaftet werden, der allen Menschen zu Gute
kommen sollte. (Erhard 1962, S. 9) Dies schloss auch die sogenannten „Entwick-
lungsländer" ein: durch eine zur Selbsthilfe anregende Entwicklungspolitik sollten
die weltweiten Wohlstandsunterschiede nivelliert werden.

Die von Ludwig Erhard in Aussicht gestellte soziale Gerechtigkeit wurde trotz
hoher Einkommenszuwächse und gestiegener Konsumausgaben nicht realisiert;
im Gegenteil haben durch die strukturelle Arbeitslosigkeit der letzten Jahrzehnte
die psychosoziale Verelendung durch soziale Deklassierung und prekäre Lebensverhältnisse bis heute deutlich zugenommen.

Das Konzept der sozialen Marktwirtschaft galt für den wachsenden Güterwohlstand breiter Bevölkerungsschichten bis in die 1970er-Jahre hinein als verantwortlich. Aus heutiger Sicht waren die wirtschaftspolitischen Ansätze zur allgemeinen
Wohlstandsmehrung durch Wettbewerb in einer sozialen Marktwirtschaft kon-
sequent, um die kapitalistische Expansion zu forcieren und die Produktivkräfte
zu entwickeln. Auch wenn es sich im Rahmen der kapitalistischen Expansion als
folgerichtig erwies, sind die mit der politischen Umsetzung des neoliberalen Wirt-
schaftskonzepts verbundenen Folgen zu hinterfragen, die seit Mitte der 1960er-
Jahre zunehmend erkennbar wurden und z. B. die Wachstumsgrenzen aufgrund
ökologischer Gegebenheiten betreffen. Die Vision einer durch generalisierten
Wohlstand befriedeten Gesellschaft, die auf Wettbewerb als dem Schlüssel für
wirtschaftlichen und menschlichen Fortschritt gründet, wurde durch die weitere
sozioökonomische und sozialökologische Entwicklung Lügen gestraft.

Dennoch wurde wirtschaftspolitisch und unternehmerisch daran festgehalten,
die Massenproduktion aus Gründen des Wirtschaftswachstums und der Erhöhung
des Bruttosozialprodukts zu steigern und an den Konsumenten zu bringen. Dabei
ging es nie primär darum, den Wohlstand der Bevölkerung zu erhöhen, sondern
immer wieder neue erweiterte Konsumbedürfnisse zu wecken, um den Absatz-
markt für die Massenproduktion sicherzustellen. Ausgefeilte Werbestrategien,
die ein Amalgam von Waren und immateriellen Bedürfnissen erzeugten, werden
durch das heutige Erlebnis- und Kultmarketing weiter perfektioniert, so dass es
den Konsumenten kaum gelingt, in Freiheit darüber zu befinden, welche Bedürfnisbefriedigungen sie als „wahr" und „sinnvoll" anstreben und welche sie als
„falsch" und „sinnlos" verwerfen wollen. Die Werbung als Teil der effizienzba-
sierten manipulativen ökonomischen Vernunft verstärkt das von Rudolf Bahro so
bezeichnete „Nimmersatt-Prinzip", das gar nicht auf die umfassende Befriedigung

menschlicher Bedürfnisse, sondern auf die Aufrechterhaltung der Massenproduktion bezogen ist, für die der Bedarf immer wieder neu erzeugt werden muss. Die ökonomische Vernunft zielt darauf ab, die kapitalistische Expansion aufrechtzuerhalten, indem in einer raschen Folge von Produktionszyklen technisch perfektionierte Produkte hervorgebracht werden, die eigentlich niemand benötigt. Hinzu kommt, dass diese Produkte heute mit einem „Verfallsdatum" versehen sind, also nach einer zeitlich begrenzten Nutzungsdauer defekt werden.

Mit dem Aufkommen der Konsumgesellschaft geriet der Konsum gegenüber der Arbeit immer mehr in den Vordergrund. Die Arbeit als Quelle eines Einkommens war auf die Sicherung der materiellen Existenz und insofern auch auf den Konsum bezogen, aber es war in den Anfängen noch der notwendige Konsum, um die Arbeitskraft zu regenerieren und hier und da Entschädigungen für die verschleißende Arbeit zu erhalten. Der Konsum von „Überflüssigem", auch Luxuskonsum genannt, war den Angehörigen höherer Klassen vorbehalten. Erst mit der Massenproduktion wurden ehemalige Luxusgegenstände als Gegenstände des demonstrativen Konsums zu alltäglichen Gebrauchsartikeln.

Die Haltungen gegenüber dem Geld und den Konsumgütern änderten sich in der zweiten Hälfte des 20. Jahrhunderts. Galt in den 1950er-Jahren noch Sparen und sukzessive Ausstattung des Haushaltes als das Gebot der Stunde, und sollten die erworbenen Gegenstände von der ersten Erwartung her ein Leben lang halten, so lockerte sich diese Haltung mit zunehmendem Wohlstand. Dennoch dauerte es noch etliche Jahre, bis sich eine konsumistische Haltung, die das gesamte Leben überzog, herausbildete und den noch überwiegend gebrauchswertorientierten Konsum durch Überkonsum ersetzte. Das sich erhöhende Arbeitseinkommen führte bei billiger werdenden Artikeln aus der Massenproduktion schon bald zu einer Ausdehnung des Massenkonsums mit steigendem Güterwohlstand.

Auf der einen Seite garantiert der durch Konsum repräsentierte Wohlstand ein hohes Maß an Massenloyalität, andererseits ist mit dem Konsumismus ein extremes Risiko verbunden, das bislang nur ansatzweise in das öffentliche Bewusstsein drängt: „Die Erfahrung der schier unbegrenzten Freiheit der Wahl, die Erfahrung der Chance, sich prinzipiell alles kaufen zu können und die Wahrnehmung, Glück und Identität über Konsum erfahren zu können, lässt die Menschen die ökologischen und v. a. auch die sozialen Folgen der Konsumgesellschaft ignorieren." (Schneider 2000, S. 21)

Die „formierte Gesellschaft" bindet die Menschen durch Konsum und drohende Exklusion auf eine repressive Weise in die Gesellschaft ein. Indem sie Menschen auf Konsumenten reduziert und ihnen Glücksversprechen nahebringt, wird deren Bewusstsein eindimensional, so dass kritische und systemtranszendierende Veränderungen erschwert werden.

Der Überkonsum zeigt sich in den westlichen Ländern in einer Reihe von Pathologien, die die psychische, geistige und körperliche Gesundheit der Menschen beeinträchtigen, aber auch in zunehmender Armut und einer Prekarisierung der Lebensverhältnisse. Diese Armut trägt viele Gesichter: Bildungsarmut, materielle Armut mit den Folgen psychischer und sozialer Verelendung. Strukturell ist sie in der Logik der Verschwendung angelegt, in der die Überproduktion zu der extremen Zunahme von Technomüll und zur Vernichtung von Nahrungsmitteln führt.

Die „entfesselte Marktwirtschaft" (Edward Luttwak) hat das marktwirtschaftliche Effizienzmodell extremisiert, indem es Wachstum maximiert und diesbezügliche Barrieren reduziert hat. Es höhlt den Sozialstaat aus und schafft neben wenigen Gewinnern eine Vielzahl von Verlierern. Menschen, die dem Ideal des hochqualifizierten und hyperdynamischen Arbeitnehmers nicht entsprechen, verlieren ihren Platz auf dem Arbeitsmarkt. Schließlich taugen sie nicht einmal als Konsumenten und werden ausgeschlossen.

> Der Sinn des Sozialstaats ist in einer Gesellschaft von Konsumenten, genau wie er es in einer Gesellschaft von Produzenten war, die Gesellschaft vor dem ‚Kollateralschaden' zu beschützen, den das Leitprinzip des gesellschaftlichen Lebens verursachen würde, wenn es nicht überwacht, kontrolliert und im Zaum gehalten würde. Sein Zweck besteht darin, die Gesellschaft davor zu bewahren, dass es eine Vervielfachung der Zahl der Menschen gibt, die als ‚Kollateralschäden' dem Konsumismus zum Opfer fallen: die Ausgeschlossenen, die Außenseiter, die underclass. Seine Aufgabe besteht darin, die Erosion der menschlichen Solidarität und das Dahinschwinden der Gefühle ethischer Verantwortung zu verhindern. (Bauman 2009, S. 186)

Wer nicht der Exklusion zum Opfer fällt, ist gleichermaßen um sein Glück betrogen, denn seine Freiheit ist wesentlich auf die Wahlfreiheit zwischen trivialen Alternativen beschränkt. Der Reichtum der Wahlmöglichkeiten im Konsumismus zwischen Persil, Dash und Omo steht für die Befriedigung, die eigene Familie mit weißer Wäsche zu beglücken, die weißer als weiß ist und reiner als rein. Dieser Reichtum ist verbunden mit einer Armut der immateriellen Bedürfnisse und Bedürfnisbefriedigungen. Von daher gibt es eine doppelte Armut im Güterwohlstand: zum einen die Armut der aus der Gesellschaft der Konsumenten ausgeschlossenen insuffizienten Konsumenten und zum anderen die spirituelle Armut der Konsumenten, die dazugehören.

Kompensatorisches Kaufen und Kaufsucht sind die unmittelbaren Folgen der Normopathologien in der Wohlstands- und Konsumgesellschaft. Die Jagd nach erhöhter wirtschaftlicher Effizienz lässt die sozialen Kosten in die Höhe schnellen. Arbeitslosigkeit, Alltagsstress und Gesundheitsprobleme weiten sich aus, begleitet von Lebensunzufriedenheit, mangelnder Bindungsfähigkeit und Geschäftigkeit.

Zu dieser Normopathologie gehört, dass immer noch auf das Primat der Ökonomie bestanden wird, wobei die Ökonomie aufgrund ihrer Interessenlage eine tiefgehende Ökologisierung der Gesellschaft verhindert. So wird die ökologische Dimension zum Beispiel in umweltbezogenen Dienstleistungen und ökonomisch nutzbringenden Investitionen zu wenig berücksichtigt. Versöhnt werden sollen Marktwirtschaft, soziale Sicherheit, Wohlstand und umweltgerechtes Handeln, was aber unter der Vorherrschaft der Ökonomie nicht funktionieren kann.

Entmündigung und Disziplinierung des Konsumenten

Mit dem wachsenden Konsum in der zweiten Hälfte des 20. Jahrhunderts veränderte sich auch die soziale Schichtung. Diese Veränderung lag nicht in einer Egalisierung der Menschen unterschiedlicher sozialer Herkunft, im Gegenteil, die Kluft zwischen Arm und Reich wurde größer, obwohl der Massenkonsum vordergründig den Eindruck erweckte, soziale Gleichheit würde in einer „nivellierten Mittelstandsgesellschaft" zunehmen. Was sich veränderte, war an Prozesse der Individualisierung und Pluralisierung gebunden und betraf oft nur eine Erweiterung der Wahlmöglichkeiten von Konsumgütern oder Optionen der Lebensgestaltung. Lebensstile differenzierten sich aus und konnten unterschiedlichen sozialen Milieus zugeordnet werden. (Sinus-Milieus 2011).

Gegenüber dem Modell der sozialen Schichtung zeigte sich das Milieumodell als erweitert, indem es nicht nur die soziale Lage, sondern auch die Wertorientierungen der Menschen erfasste, die für bestimmte Lebensstile typisch sind. Aufgrund übereinstimmender Merkmale werden die Menschen zu sozialen Milieus gebündelt, so dass homogene Gruppen von Merkmalsträgern in ihren alltagsästhetischen Motiven und Gestaltungsmöglichkeiten erkennbar werden, die für die gezielte Bewerbung von Produkten relevant sind. Somit ist das Milieumodell mit den differenten Lebensstilen auf Marketing und Konsum bezogen. Nicht länger geht es um Klassenunterschiede, sondern um Unterschiede im Konsumverhalten. Für das zielgruppenorientierte Marketing sind die für den Konsum zur Verfügung stehenden finanziellen Mittel sowie die Optionen und Präferenzen im Konsumverhalten relevant, also die spezifischen Objekte und Marken, die milieu- und lebensstilbezogen beworben werden.

Während soziale Klassen über die kollektive Lebenslage, die Arbeitsverhältnisse und die Verfügung über Kapital definiert werden und sich durch Klassenbewusstsein und politische Interessenorganisation auswiesen, beziehen sich die sozialen Milieus lediglich auf Konsumverhalten. Dem entspricht, dass sich das

© Springer Fachmedien Wiesbaden 2016
B. Bierhoff, *Konsumismus*, essentials, DOI 10.1007/978-3-658-12223-2_4

kollektive Interesse des Konsumenten auf den Verbraucherschutz beschränkt. Hinzu kommt, dass Gesellschaft im öffentlichen Bewusstsein überwiegend nur als Konsumgesellschaft fassbar wird. Die Konsumgesellschaft beruht auf der „Gemeinsamkeit des Interesses am Wohlstand und seiner Erhaltung oder Vermehrung" (Brückner 1973, S. 52, 58) und suggeriert, durch den extrem gesteigerten Güterwohlstand seien Klassen und Gruppen mit antagonistischen Interessen beseitigt worden, eine Vorstellung, die bereits Schelsky in den 1960er-Jahren mit dem Modell der „nivellierten Mittelstandsgesellschaft" vertreten hatte. Das heute propagierte Milieumodell lässt sich dahingehend bewerten, dass es dem Wandel der „Gesellschaft der Produzenten" zur „Gesellschaft der Konsumenten" (Bauman 2009, S. 71 ff.) Rechnung trägt. Ihm entspricht, dass die Aktivitäten im Massenkonsum in den letzten Jahrzehnten für die Mehrzahl der Menschen immer weitreichender und lebensbeherrschender geworden sind.

In die Wertorientierungen und den Lebensstil des Individuums sind Leitbilder eingegangen, die „bestimmte Lebens- und Genußerwartungen" als allgemein verbindlich darstellen. In der Übernahme dieser Leitbilder stellt sich die „Identität zwischen Herrschaft und Beherrschten" (Brückner 1973, S. 77) her. Die „Herrschaft über den Menschen" erfolgt heute weitgehend über den Markt, der von Konzernen gesteuert wird. In seiner Rolle „als handelndes Wirtschaftssubjekt" wird der Konsument veranlasst, die „Imperative der Werbung" als vermeintlich „individuellen Antrieb" (ebd., S. 104 f.) zu erfahren. Auf der Erfahrungsebene äußert sich Herrschaft dann nur noch in der Integration in die Konsumgesellschaft. Die Berechtigung, ein Mitglied der Gesellschaft zu sein, wird den Menschen vorrangig in ihrer Eigenschaft als Konsument zugesprochen. In der „Gesellschaft der Konsumenten" wird die Kommodifizierung zur kulturellen Selbstverständlichkeit und das Individuum selbst zu einer Ware.

Gegen die Gleichschaltung der Menschen als Konsumenten formulierte Brückner die These, „dass jetzt einzig die Teilhabe am Gelderwerb und Konsum die Zugehörigkeit des einzelnen zur Gesellschaft ausmacht, und eine seelische Schicht von Angst vor dem Verlust der sozialen Integration sehr viele Menschen beunruhigt" (Brückner 1978, S. 122). Besonders Menschen, die zum Beispiel aufgrund ihrer Lebensverhältnisse, ihrer geringen Qualifikation, problematischer krisenhafter Lebensereignisse und nicht zuletzt aufgrund niedrigen Einkommens aus dem Konsens der Gesellschaft der Konsumenten herauszufallen drohen, werden – wie Brückner es ausdrückt – „psychisch und sozial ent-gesellschaftet" (ebd., S. 123). „Ihre Konsumrate entscheidet darüber, ob sie zu unserer Gesellschaft gehören oder nicht." (Brückner und Krovoza 1972, S. 82) So hat sich der Massenkonsum mit seiner sozialintegrativen Funktion zunehmend als die Grundlage für die Entmündigung und Disziplinierung des Konsumenten erwiesen.

Dienstbare Bedürfnisse und ihre Veränderbarkeit

Mit Erich Fromm stimmte Rudolf Bahro unter anderem darin überein, dass die Menschen in den konsumistischen Gesellschaften eine fremdbestimmte Bedürfnisstruktur ausgebildet haben. Um die Entwicklung der westlichen Zivilisation aus der Sackgasse des tödlichen Fortschritt herauszuführen und einen globalen Kollaps abzuwenden, sind radikale Veränderungen in allen menschlichen und gesellschaftlichen Bereichen gefragt. Für Bahro war ein zentraler Ansatzpunkt der „Teufelskreis der kapitalistischen Wachstumsdynamik", den er wie folgt beschrieb:

> „Je mehr produziert wird, desto mehr muss erjagt, besessen und verbraucht werden, desto mehr psychische Energie wird in abstrakter Arbeit und kompensatorischen Genüssen gebunden und bleibt den emanzipatorischen Kräften entzogen... Das kompensatorische Haben-, Verbrauchen-, Konsumierenwollen und -müssen erzwingt die Fortsetzung einer Erzeugungsschlacht...", deren Grundlage die „massenhaft kompensatorischen Bedürfnisse" sind. (Bahro 1977a, S. 40 f.)

Diese Bedürfnisse sind repressiv in die konsumistische Struktur eingebunden, die als totalitärer Komplex die in die Megamaschine eingebundene Herrschaft sichert, indem sie die Individuen im scheinbar freiwilligen Massenkonsum zur Loyalität bewegt. In der Überwindung dieser *Subalternität* durch die Umgestaltung der „gesamten modernen Produktionsweise" sieht Bahro „die einzig mögliche Alternative zu der grenzenlosen Expansion der materiellen Bedürfnisse." (Bahro 1977, S. 321, 324)

Die Befreiung von unmittelbarer wirtschaftlicher Not und existenzieller Unsicherheit hat nicht zu einer Verfeinerung der Bedürfnisse und einer Kultivierung der menschlichen Beziehungen geführt, sondern zunehmend kompensatorische Bedürfnisse hervorgerufen. Ihr massenhaftes Auftreten ist Indikator für die heutige Unfreiheit. Die meisten Menschen verhalten sich subaltern, indem sie sich „der entfremdenden Autorität unterwerfen und nach den von ihr ausgesetzten Wohlverhaltensprämien greifen" und in grenzenloser Gier ihre materiellen Bedürfnisse

© Springer Fachmedien Wiesbaden 2016
B. Bierhoff, *Konsumismus*, essentials, DOI 10.1007/978-3-658-12223-2_5

ausdehnen. (Bahro 1977, S. 374 f.) Das gilt nicht nur für personale Unterwerfungsverhältnisse, sondern auch für die „anonymen Autoritäten" (Erich Fromm) wie Moden und die öffentliche Meinung, die die Menschen ohne ausdrücklichen Befehl zum Gehorsam zwingen.

Aus östlicher Sicht wurde der Konsumismus von Sulak Sivaraksa kritisiert und als eine Form von Religion beschrieben. Er wurzelt im *Hass*, der *Habgier* und der *Verblendung* und erzeugt diese drei Manifestationen menschlichen Unglücklichseins immer wieder von Neuem. „Der Kapitalismus und der Konsumismus werden von diesen drei Giften genährt. Man erzählt uns, dass unsere Wünsche dadurch befriedigt würden, dass wir uns etwas kaufen, aber natürlich führt der Konsum der einen Sache nur dazu, dass wir noch mehr wollen. Wir alle haben diese Samen der Habgier in uns, und der Konsumismus bringt sie zum Sprießen und Wachsen." (Sivaraksa 1995, S. 32)

Die kompensatorischen Interessen und Bedürfnisse zeigen sich in dem Streben vieler Menschen nach bequemen Ersatzbefriedigungen. Für Rudolf Bahro sind die „*kompensatorischen* Interessen… die unvermeidliche Reaktion darauf, dass die Gesellschaft die Entfaltung, Entwicklung und Bestätigung zahlloser Menschen frühzeitig beschränkt und blockiert. Die entsprechenden Bedürfnisse werden mit Ersatzbefriedigungen abgespeist. Man muss sich im Besitz und Verbrauch von möglichst vielen, möglichst (tausch-)wertvollen Dingen und Diensten dafür schadlos halten, dass man in den eigentlich menschlichen Bedürfnissen zu kurz gekommen ist." (Bahro 1977, S. 322)

Von den kompensatorischen Interessen sind die emanzipatorischen Interessen streng geschieden: „Die *emanzipatorischen* Interessen … richten sich auf das Wachstum, die Differenzierung und die Selbstverwirklichung der Persönlichkeit in allen Dimensionen menschlicher Aktivität. Sie verlangen vor allem die potentiell allumfassende Aneignung der in anderen Individuen, in Gegenständen, Verhaltensweisen, Beziehungen objektivierten menschlichen Wesenskräfte, ihre Verwandlung in Subjektivität, in einen Besitz nicht der juristischen Person, sondern der geistigen und sittlichen Individualität, der seinerseits nach produktiver Umsetzung drängt." (Bahro 1977)

Je mehr die Menschen ihre emanzipatorischen Interessen entdecken und kultivieren, umso mehr nähern sie sich dem an, was Bahro als den integralen Menschen bezeichnet hat. Bahro bezieht sich „auf die von Jean Gebser in seinem Werk ‚Ursprung und Gegenwart' entworfene Idee des Homo integralis". „Es ist in neuem Gewand die alte Idee des vollständigen, alle in ihm angelegten Vermögen realisierenden Menschen." (Bahro 1997, S. 12) Damit Menschen sich in diesem Sinne entwickeln und entfalten können, bedürfen sie nicht nur einer Vision, sondern auch einer Ordnungsstruktur, die den Ausdruck der höheren Bewusstseinskräfte fördert.

Bei Jean Gebser ist die von Rudolf Bahro aufgegriffene Idee der Transformation der Bewusstseinsverfassung, die als mental-rational bezeichnet wird, hin zum integralen Bewusstsein zu finden: „anstelle der Hektik tritt die Stille und das Schweigenkönnen; anstelle des ausschließlichen Zweck- und Zieldenkens tritt die Absichtslosigkeit; anstelle des Machtstrebens tritt Hingabe und echte Liebesfähigkeit; anstelle des quantitativen Leerlaufs tritt das qualitativ geistige Geschehen; anstelle der Manipulation tritt das geduldige Gewährenlassen der fügenden Kräfte"; usw. (Gebser 1999, S. 62)

Die westliche Zivilisation scheint von einem integralen Bewusstsein noch weit entfernt; die Lebensweise wirkt verstärkend und beschleunigend auf Bedürfnisse und Haltungen, die dem Systemmodus entsprechen, also den Menschen auf gesellschaftliche Zwecke wie den Massenkonsum ausrichten und ihm eine Bedürfnisbefriedigung vorenthalten, die einen persönlichen Wachstumsprozess einleitet. Werbung als Manipulationsinstrument sucht immer wieder neue Bedürfnisse zu erzeugen, die sich aber im Kreislauf von Kaufen, Verschleißen und Wegwerfen erschöpfen.

Die Auswirkungen des Konsumismus auf die menschliche Bedürfnisstruktur werden von Fromm beschrieben: „Neue künstliche Bedürfnisse werden erzeugt, und der Geschmack der Menschen wird manipuliert. ... Die Konsumgier (eine extreme Form dessen, was Freud als ‚oral-rezeptiven Charakter' bezeichnete), wird in der gegenwärtigen Industriegesellschaft zur dominanten psychischen Kraft." (Fromm 1965c, S. 405)

Die massenhaft produzierten Bedürfnisse sind bei den meisten Menschen nach dem Drehtürprinzip strukturiert, d. h. ihre Befriedigung bereichert den Menschen innerlich nicht, führt nicht zu einem steigenden Niveau der Bedürfnisartikulation, sondern zur unveränderten Wiederkehr der ursprünglich aufgetretenen Bedürfnisse. Diese Stagnation in der Bedürfnisentwicklung ist erwünscht, denn eine dauerhafte Bedürfnisbefriedigung mit einer Zunahme immaterieller Bedürfnisse, die nicht über den Markt vermittelt sind, würde den Konsumismus in Frage stellen. So muss das Bedürfnis, innerlich reicher zu werden, permanent enttäuscht werden. Das ist die innere Verletzung des Menschen, die er sich durch das dem Konsumismus eigene Drehtürprinzip (kaufen, konsumieren, verschleißen, wegwerfen und so weiter) antut.

Damit Änderungen möglich werden, müssen – so Erich Fromm – die Menschen lernen, „dass es darauf ankommt, zwischen den das Leben fördernden und den das Leben hindernden Bedürfnissen zu unterscheiden" (Fromm 1968a, S. 349). Doch können als Antwort auf die Frage: „Wer soll entscheiden, welche Bedürfnisse gesund und welche pathogen sind?" (Fromm 1976a, S. 395) den Menschen keine „wahren" oder „gesunden" Bedürfnisse vorgeschrieben werden, sondern diese müssen von den Menschen eigenständig und in Freiheit gefunden und artikuliert werden.

Eine wesentliche Voraussetzung für diese selbstfindende Bedürfnisartikulation wird von Sivaraksa formuliert: „Wir sind erst dann in der Lage, uns von den

Versuchungen der Religion des Konsumismus zu befreien, wenn wir begreifen, dass die Wurzeln von Habgier, Hass und Irrglauben in uns selbst liegen." (Sivaraksa 1995, S. 33) Doch scheint das Problem darin zu bestehen, dass der Konsumismus durch seine Konsum*pflicht*, die von den Menschen als Konsum*freiheit* verkannt wird, diese davon abhält, in Freiheit über ihre Bedürfnisse zu entscheiden. Für Bahro sind die „kompensatorischen Interessen... die unvermeidliche Reaktion darauf, dass die Gesellschaft die Entfaltung, Entwicklung und Bestätigung zahlloser Menschen frühzeitig beschränkt und blockiert. ..." (Bahro 1977, S. 322) Das von Bahro so bezeichnete „Prinzip der Nicht-Sättigung" wird als „ökonomische Notwendigkeit" etabliert. Durch die rein quantitative Ausweitung marktförmiger Befriedigungsformen werden andere Bedürfnisorientierungen blockiert und die Menschen auf den Massenkonsum festgelegt.

Um sich zu erhalten, nötigt der Konsumismus den Menschen das Konsumieren als unbedingt zu befolgende Notwendigkeit auf. Entsprechend müssen die Menschen auf die scheinbare Notwendigkeit eines ungebremsten Konsums eingestellt werden; ihre Bedürfnisse werden angestachelt, Gier und Unersättlichkeit durch neue Strategien der Werbung gesteigert. Für den Einzelnen ist es äußerst schwierig, nicht nur die Umetikettierung von Unfreiheit als Freiheit zu durchschauen, sondern auch die inneren Wurzeln seiner konsumistischen Haltung zu erkennen, die durch eine Schicht von Angst verdeckt sind.

Mit Fromm ist der zwanghafte Konsum als „Kompensation für Angst" zu begreifen: „Das Bedürfnis nach dieser Art von Konsum (entspringt) dem Gefühl der inneren Leere, der Hoffnungslosigkeit, der Verwirrung und dem Stress. Indem man Konsumgüter ‚in sich aufnimmt', vergewissert man sich sozusagen, dass ‚man ist'. Wenn der Konsum eingeschränkt würde, würde viel Angst manifest werden. Der Widerstand gegen eine eventuelle Erregung von Angst führt dazu, dass man nicht bereit ist, den Verbrauch einzuschränken." (Fromm 1968a, S. 348) Die Selbsterkenntnis wird durch diesen Mechanismus abgewehrt.

Fromm macht auch darauf aufmerksam, „dass die Gier des homo consumens sich hauptsächlich auf den individuellen Konsum von Dingen bezieht, die er isst (sich einverleibt), während die Benutzung kostenloser öffentlicher Einrichtungen, die dem einzelnen die Möglichkeit bieten, sich seines Lebens zu freuen, keine Gier und Unersättlichkeit erzeugt." (Fromm 1966c, S. 313)

Die konsumistischen Bedürfnisbefriedigungen als Folge des Primats wirtschaftlicher Effizienz, maximaler Produktion und maximalen Verbrauchs verletzen den Menschen, richten seine Umwelt zugrunde und vereiteln tragfähige Beziehungen zu seinen Mitmenschen. Erst wenn die Ökonomie in ihre natürlichen Schranken verwiesen wird, die darin liegen, dass sie mit ihren Prämissen und Imperativen nichts in der Lebenswelt verloren hat, können sich die Bedürfnisse außerhalb der Profitstruktur des betriebswirtschaftlichen Denkens entfalten.

Die Kommodifizierung des Konsumenten

Zygmunt Bauman beschreibt in seinem Buch *Leben als Konsum* die „Kommodifizierung" des Konsumenten und seine Selbstverwandlung in eine Ware mit möglichst hohem Marktwert. Im Prozess der Kommodifizierung wird der sogenannte Ausschuss der Konsumgesellschaft ausgesondert (das sind Menschen, die auch als *Konsuminvaliden* bezeichnet werden können). Diese „fehlerhaften" Konsumenten verfügen nicht über ausreichende Ressourcen, „um auf die ‚Zurufe' oder, genauer gesagt, die verführerischen Gesten der Konsumgütermärkte adäquat zu reagieren". Sie gelten als „gescheitert", weil sie ihren „Pflichten als Konsumenten" nicht nachkommen. „Die Norm, die von den Armen von heute verletzt wird und deren Verletzung sie von anderen abhebt und ihnen den Stempel ‚anormal' aufdrückt, ist dementsprechend die Norm der Kompetenz oder Eignung als Konsument, nicht diejenige, Arbeit zu haben." (Bauman 2009, S. 76, 89, 160–165)

Die zwischenmenschlichen Beziehungen in der Konsumgesellschaft werden nach dem Modell der Käufer-Verkäufer- oder der Kunden-Kundenberater-Beziehung umgestaltet. Vorbild für diese formale Beziehung ist die Interaktion zwischen Konsumenten und Konsumobjekten. Indem die Konsumenten ihre Subjektivität mit Marktmitteln begründen und pflegen, entsteht ein „Subjektivitätsfetischismus", der die kommodifizierte Wirklichkeit verschleiert. Die Subjektivität des Konsumenten, der sich als souveränes Subjekt seiner Kaufentscheidungen erlebt, wird auf Einkaufslisten und Spontankäufe reduziert. Diese Verdinglichung reicht jedoch über die Relation zwischen Konsument und Konsumobjekt hinaus und erstreckt sich auf zwischenmenschliche Beziehungen, in denen die personale Begegnung einer Überforderung nahekommt, wenn die erforderlichen sozialen Fähigkeiten nur rudimentär ausgebildet oder gar nicht vorhanden sind. Als „souverän" gilt ein Subjekt dann, wenn es in der Konsumgesellschaft die Rolle eines souveränen Konsumenten spielt. Dabei wird aber „die Subjekt-Objekt-Dualität in der Regel

© Springer Fachmedien Wiesbaden 2016
B. Bierhoff, *Konsumismus*, essentials, DOI 10.1007/978-3-658-12223-2_6

unter der Dualität von Konsument und Ware subsumiert." (Bauman 2009, S. 19, 24, 27 f., 31)

Da den massenproduzierten Waren nur eine kurze Nutzungsdauer beschieden ist, bevor sie sich in Müll verwandeln, ist weder eine Bindung an diese erwünscht noch eine anhaltende Nutzung beabsichtigt. Sie sollen möglichst schnell durch neue und bessere Produkte ersetzt werden: „Langlebigkeit wird in der Konsumgesellschaft abgewertet, ‚alt' wird gleichgesetzt mit ‚veraltet', nicht mehr zu gebrauchen und für die Müllhalde bestimmt." Auf motivationaler Ebene will der Konsument immer wieder Dinge erwerben und besitzen. Dieser Erwerb oder Besitz kann auf der Verhaltensebene aber nur praktiziert werden, wenn keine Sättigung eintritt, der Konsument also zugleich diese Dinge loswerden will und zu entsorgen bestrebt ist. Hier kommt es im zwanghaften und süchtigen Verhalten zu einer eigentümlichen Verbindung von Gier, Überdruss und Gleichgültigkeit. Bauman sieht in „*Überschuss* und *Abfall*" die tragende Grundlage des konsumistischen Wirtschaftssystems, das die Konsumenten anhaltend lenkt und überwacht. (Bauman 2009, S. 32, 52, 54, 113)

Während Menschen schon immer Verbraucher oder Konsumenten waren, ist der Konsumismus in der „Gesellschaft der Konsumenten" ein historisch neues Phänomen, das in der heute typischen Ausprägung in der „Gesellschaft der Produzenten" noch nicht vorhanden war. Solange die Menschen über den Arbeitsprozess sozial integriert wurden, standen Arbeiten und Geldverdienen im Mittelpunkt, um das Ziel des Überlebens, vielleicht auch einen bescheidenen Wohlstand, zu realisieren. Bauman ordnet die „Gesellschaft von Produzenten" der „festen Phase der Moderne" zu, die er als sicherheitsorientiert und stabilitätsverpflichtet beschreibt. Von dieser „festen" Phase unterscheidet er eine „liquide Phase" der Moderne, die mit dem Verlust fester Bezugspunkte, aufkommenden Unsicherheiten und Risiken sowie Anforderungen von Hyperflexibilität und Bindungslosigkeit zu instabilen Lebensverhältnissen führt, die mit den Mitteln des Konsums kompensiert werden. In der flüchtigen Moderne sind Sicherheit und Stabilität entwertet, vielmehr ist die „Unbeständigkeit der Wünsche und Unstillbarkeit der Bedürfnisse" in den Mittelpunkt gerückt. Die Konsumgüter sind für die möglichst schnelle Entsorgung und Vernichtung vorgesehen. Dazu passt die Ungeduld und Experimentierfreude des Konsumenten, der sich Genuss hier und jetzt verspricht und der keine Bindung an den Konsumgegenstand entwickelt. (Bauman 2009, S. 41 f., 45)

Die *liquide Moderne* ist für Zygmunt Bauman gleichbedeutend mit dem *Zeitalter des Konsumismus*. Der Massenkonsum macht das Kaufen und Vermüllen zum eigentlichen Lebenszweck, richtet die Energien der Menschen mit Hilfe von Erlebnis- und Kultmarketing auf die Waren aus und stiftet Begehrlichkeiten, ohne jedoch zu einer anhaltenden Bedürfnisbefriedigung und Zufriedenheit führen zu können. Der Konsument muss immer wieder von Neuem bewegt werden, Konsumobjekte, die er gar nicht braucht, zu begehren und zu kaufen. Die ins Grenzenlose expandierenden Wünsche werden permanent enttäuscht und mit Glücksversprechen angereichert, so dass die Nachfrage nie versiegt. „Aus diesem Grund ist der Konsumismus nicht nur eine Ökonomie des Überschusses und des Abfalls, sondern auch eine Ökonomie der Täuschung. Sie setzt auf die Irrationalität der Konsumenten, nicht auf ihre wohlinformierten und nüchternen Überlegungen, auf das Ansprechen konsumistischer Emotionen, nicht auf die Kultivierung der Vernunft." (Bauman 2009, S. 65)

Hinzu kommt, dass die menschliche Sehnsucht nach Sicherheit und Stabilität, verbunden mit dem Bestreben, Dinge gebrauchswertorientiert und nachhaltig zu nutzen, in der Gesellschaft der Konsumenten disfunktional wirkt. Indem sie gegenläufig zu den expandierenden Wünschen und Bedürfnissen den Gebrauch und Verschleiß von Dingen begrenzt, verstößt sie gegen die Norm, das Konsumobjekt schnellstens durch ein neueres oder besseres zu ersetzen, das dem Konsumenten eine vermeintlich bessere und umfassendere Wunscherfüllung zu gewährleisten verspricht. (Bauman 2009, S. 44 f.) Ohne sich an die Konsumgüter zu binden, soll der Konsument mit hoher Frequenz die Objekte wechseln und seine Bedürfnisse immer wieder von Neuem realisieren. Insofern die Konsumobjekte psychisch nur schwach besetzt sind, beliebig und häufig gewechselt werden und durch die „Imperative der Werbung" immer wieder neu mit Glücksversprechen, die sie nicht halten können, aufgeladen werden, entsteht beim Konsumenten eine permanente Bereitschaft, diese Objekte zu begehren und nachzufragen. Da sie aber die hervorgerufenen Bedürfnisse nicht für längere Zeit stillen können, kommt es zu einem „suchtartigen Zwang zur Repetition im aufwendigen Konsum" (Brückner 1973, S. 95).

Bei der Vermarktung von Konsumgütern wird versucht, die Konsumenten abzuhalten, das Gekaufte langfristig zu schätzen und zu ihm eine Bindung aufzubauen. Funktional hingegen sind die Ungeduld und Experimentierfreude des durchschnittlichen Konsumenten, der auf Genuss hier und jetzt setzt, keine Bindung an den Konsumgegenstand entwickelt und sich den Normen der Konsumkultur unterwirft. Damit versucht er, der Exklusion aus der Gesellschaft der Konsumenten zu entgehen, was im Allgemeinen auch gelingt, solange das Einkommen ausreichende Chancen bietet, am Konsum teilzunehmen. Er praktiziert den Konsum faktisch auch als „eine Investition in alles, was für den ‚sozialen Wert' und das Selbstwertgefühl des Individuums von Bedeutung ist" (Brückner 1973, S. 77), womit sich die soziale Integration im Sinne der „Verkäuflichkeit" festigt. Solange er ein ausreichendes Einkommen bezieht und konsumiert, bleibt er gesellschaftsfähig. Diese Gesellschaftsfähigkeit ist jedoch hinsichtlich der sozialen Bindungsfähigkeit eingeschränkt, da die Konsumaktivitäten weder dauerhafte Bindungen voraussetzen noch fördern. (Brückner 1973, S. 103)

Ein seit einigen Jahren verstärkt zu beobachtender Trend liegt darin, den Wechsel vom Besitz zur Nutzung zu vollziehen. Jeremy Rifkin hat hierfür das Konzept des *Access* entwickelt (Rifkin 2000). Ein wichtiger Aspekt dieser Verschiebung liegt darin, dass der Umschlag von Gütern beschleunigt wird, wenn es mir nicht darum geht, sie zu besitzen – denn dann würden sie ja in meinem Besitz veralten –, sondern darum, sie möglichst schnell zu ersetzen, um immer das neueste Design, das Update, die Innovation zur Verfügung zu haben. Immer das neueste Modell nutzen zu können, ist eine Negation dieser Kurzlebigkeit und Vergänglichkeit der Waren.

Herbert Marcuse hatte in den 1960er-Jahren den Begriff der „repressiven Entsublimierung" geprägt. Darunter verstand er eine Ausrichtung der menschlichen Triebstruktur auf Ziele, die mit dem Erleben von Lust verbunden sind, ohne dass damit jedoch eine umfassende Befreiung der Menschen eingeleitet würde. Eher handelte es sich um eine Gleichschaltung im Gewand von Permission, die geeignet war, oppositionelle Elemente in der Kultur zu beseitigen. Durch manipulative Eingriffe in die Ausbildung und Artikulation von Bedürfnissen wurden gesellschaftliche Freiheitsräume dezimiert. Hatten der Industrialismus und die Arbeitsgesellschaft einen subalternen Menschen produziert, der die autoritären Tugenden der Unterwerfung und des Gehorsams sowie des Bedürfnisaufschubs lebte und durch die Not der Verhältnisse und die soldatische Arbeitsdisziplin zu Triebverzicht und Selbstbeherrschung angehalten wurde, entstand jetzt eine komfortable Unfreiheit, die kaum noch spürbar war.

In seiner Beschreibung des „kulturellen Syndrom des Konsumismus" macht Zygmunt Bauman deutlich, dass sich die Konsumenten von dem industriellen Verhaltensmodell abgewendet haben, da es nicht mehr den gesellschaftlichen Forderungen entspricht: „Das kulturelle Syndrom des Konsumismus besteht in erster Linie darin, den Wert des Aufschiebens sowie die Richtigkeit und Wünschbarkeit der Verzögerung der Bedürfnisbefriedigung nachdrücklich zu leugnen – jenen beiden axiologischen Säulen der vom Syndrom des Produktivismus beherrschten Gesellschaft von Produzenten." (Bauman 2009, S. 112) Da „ein *zufriedener* (wunschlos glücklicher) Kunde" die Fortsetzung der Massenproduktion bedrohen würde, darf das Konsumleben nicht „von der Befriedigung von Bedürfnissen geleitet sein" (ebd., S. 129 f.). Was gestern war, ist heute veraltet und entwertet. Der Konsument soll kurzfristig immer wieder neue Angebote und Produkte der Konsumgütermärkte entdecken, begehren und kaufen, obwohl sie ihm nur ein schnell verfliegendes Gefühl von Befriedigung verschaffen können. Entsprechend der beschleunigten Veraltensrate der Produkte muss immer Platz für Neues geschaffen werden. Die neuen Angebote „erzeugen Unzufriedenheit mit den Produkten, mit denen Konsumenten ihre Bedürfnisse befriedigen – und kultivieren darüber hinaus permanente

Unzufriedenheit mit der erworbenen Identität und den Bedürfnissen, durch die eine solche Identität definiert wird." (Bauman 2009, S. 130 f.) Die Identität gilt es zu wechseln, wie Moden gewechselt werden; das *Identitäts-Update* wird zur Pflicht des heutigen Konsumenten.

Der inszenierende Umgang mit der eigenen Identität wird durch die Netzwerke der digitalen Welt unterstützt. Diese Netzwerke ermöglichen ein fast beliebiges Kontaktnehmen und halten Gefühle von Einsamkeit und Beziehungslosigkeit unterhalb der Bewusstseinsgrenze. Wie Bauman beschreibt, sind die heutigen Kommunikationsnetzwerke mit der Sicherheitsvorkehrung ausgestattet, Kontakte genauso problemlos abzubrechen wie sie geknüpft wurden. Auch hier dringt die konsumistische Kultur tief in die Kommunikationsstrukturen der Lebenswelt ein. So wie die Konsumenten bei der Vermarktung von Konsumgütern abgehalten werden, das Gekaufte langfristig zu schätzen und zu ihm eine Bindung aufzubauen, werden die menschlichen Beziehungen kommodifiziert, was zu Bindungslosigkeit und Austauschbarkeit führt.

Bauman verwendet hier den Begriff des *Kollateralschadens*. Ein solcher Kollateralschaden ist mit den billigend in Kauf genommenen Schäden beschreibbar, die als Folgen der Erreichung eines Zweckes eintreten. Nimmt man als Zweck des Konsumismus die Aufrechterhaltung der Massenproduktion, so liegen die Folgen darin, dass der Ökonomismus auch die Erlebniswelten der Menschen infiziert, damit diese ihrer Konsumpflicht nachkommen. Erst die Konsumaktivitäten ermöglichen die Teilhabe an der Gesellschaft und die erfolgreiche Integration in die gesellschaftliche Normalität. Die psychosozialen Bedingungen, die den Überkonsum in Gang halten, entsprechen genau den Kollateralschäden, die mit dem Eindringen der ökonomischen Rationalität in die Lebenswelt erzeugt werden. Schwindende Bindungsfähigkeit, die als Flexibilität erscheint, oberflächliches Kontaktnehmen auch mit Hilfe von Kontaktbörsen, Rückzugsverhalten in Spaßaktivitäten oder exklusiven Konsum, die Nutzung von virtuellen Welten mit dem Aufbau von Wunschidentitäten sind die Folgen. So wundert es nicht, wenn Bauman den größten „Kollateralschaden" als die „allgemeine und umfassende Kommodifizierung des menschlichen Lebens" identifiziert (Bauman 2009, S. 156).

Der Konsumismus hat damit weitreichende Auswirkungen auf die sozialen Beziehungsformen und -inhalte. Die menschlichen Sozialbeziehungen sind immer weiträumiger geworden, aber gleichzeitig an Intensität und Dauer ausgedünnt, so dass sie oft nur als bloße unverbindliche Kontaktmöglichkeiten bestehen. Auf der Ebene der sozialen Beziehungsformen entstehen Distanz und Funktionalität, ein widersprüchliches (Selbst-)Erleben, verbunden mit der eingeschränkten Fähigkeit, Beziehungen zu gestalten, bei gleichzeitiger Sehnsucht nach Nähe und Geborgenheit.

Die Kollateralschäden beschränken sich jedoch nicht auf die Gesellschaft der Konsumenten, sondern dehnen sich auf die restliche Gesellschaft aus, die mit dem Begriff der *underclass* beschrieben wird. Es ist die Gesellschaft der Ausgeschlossenen und Chancenlosen, denen die Teilhabe an der Gesellschaft der Konsumenten verweigert wird: „Menschen, die keine Rolle spielen, keinen sinnvollen Beitrag zum Leben der anderen leisten und denen grundsätzlich nicht zu helfen ist." (Bauman 2009, S. 160) Der äußerst dehnbare Begriff der *underclass* lässt es zu, Menschen unterschiedlicher Herkunft und Lebenssituation unter dem Etikett der Nutzlosigkeit zu bündeln und ihnen die Existenzberechtigung abzusprechen, sie zu stigmatisieren und zu diskriminieren. Diese Kategorie von Menschen gehört gleichsam zum „Heer der Umsonstgeborenen". Ihnen wird als sekundäres Merkmal zugeordnet, dass sie weder einen Marktwert besitzen noch ihrer gesellschaftlichen Konsumpflicht nachkommen, demnach also überflüssig und unerwünscht sind. Gleichzeitig geht von ihrer Existenz für die integrierten Konsumenten die unterschwellige Drohung aus, man könne bei unzureichenden Konsumleistungen soziale Exklusion und Nichtung erfahren.

Bei der *underclass* – im weitesten Sinne – handelt es sich um eine Reservearmee von potenziellen Konsumenten, die aktiviert werden könnte, um den Zusammenbruch der Massenproduktion hinauszuzögern, wenn ihnen ein Grundkonsum etwa auf der Grundlage eines bedingungslosen Grundeinkommens gestattet würde. Ein solches Grundeinkommen könnte bestimmte Formen der Exklusion beseitigen und eine kommunitäre Aktivierung dieser Menschen unterstützen. Durch eine solche der Kommodifizierung der Menschen entgegenwirkende Tendenz ließe sich der Ökonomismus mit seiner kalten Effizienzmoral zurückdrängen.

Es wäre zu einfach, die Überwindung des Konsumismus nur von den Konsumenten abhängig zu machen, denn sie betrifft einen äußerst komplexen Zusammenhang. Vielleicht kann man sagen, dass sich die Problematik in der Rolle des Konsumenten zugespitzt hat. Vom Konsumenten den Ausstieg aus der Kommodifizierung zu erwarten, ist eine trügerische Hoffnung. Es mag Bedingungen geben, unter denen nachhaltige Konsummuster ohne Gier und Kompensation sich ausweiten, aber der repressive Zusammenhang von Sozialisation, mangelnder menschlicher Zuwendung im Aufwachsen der Kinder, beruflicher Leistungsbereitschaft in der Karriereplanung, menschlicher Gleichgültigkeit und Selbstausbeutung, personaler und struktureller Gewalt in Familie, Schule und Gesellschaft lässt selten die Kräfte wachsen, die für die Verabschiedung des Konsumismus notwendig sind. Nicht der konsumierende Mensch ist der Dreh- und Angelpunkt der destruktiven Prozesse, auch wenn er verantwortungslos den Imperativen der Gesellschaft folgt, sondern die Gestalt des Kapitalismus, der weltweiten Raubbau betreibt und die ökologischen Grenzen des Wirtschaftens ignoriert, den Profit als Selbstzweck setzt und durch Privatisierung alles, auch Güter der Allgemeinheit, zu Waren macht.

Die *Gesellschaft der Konsumenten* ist daher nicht die Beschreibung einer neuen Gesellschaftsform, sondern legt lediglich offen, wie der Mensch als Produktivkraft in den Dienst genommen wird und seine Bedürfnisse und Empfindungen, seine alltäglichen Handlungen, seine Subjektivität missbraucht werden. In dieser repressiven Vereinnahmung kommt es zur „Identität zwischen Herrschaft und Beherrschten" (Peter Brückner), in der die Dynamik eines befreienden Prozesses nicht länger sichtbar ist. Auch wenn man der kritischen Beschreibung der Gesellschaft der Konsumenten eine hohe Plausibilität zumisst, eine Gesellschaftsanalyse ist nicht vollständig, die die westliche Produktionsweise mit dem Entwicklungsstand der materiellen Produktivkräfte und den globalen Folgen ausblendet.

Krankmachender Konsum mit exterministischen Folgen

Viele Gesellschaftskritiker beschreiben die zeitgenössische Lebensweise als pathogen, was in einem Syndrom verschiedener Haltungen und Verhaltensweisen zum Ausdruck kommt: geringes Selbstwertgefühl, kompensatorische Aktivitäten, Konsumismus, Passivität, Geschäftigkeit, chronische Depression, Langeweile, Habgier, Unüberlegtheit, Rücksichtslosigkeit, Mangel an Bewusstsein, Hingabe an Idole, Gleichgültigkeit und Gewalt. Hinzu kommen gesellschaftliche Flexibilitäts- und Disponibilitätserwartungen an die Arbeitskraft, die die Menschen in Bedrängnis bringen, ihre Lebenspläne entwerten und die Zukunft ungewiss machen. Von den Menschen werden Fähigkeiten erwartet, mit hoher sozialer Anpassungsfähigkeit und Mobilität die Aufgabe oder den Job zu wechseln. Die erwartete Mobilität und Flexibilität mag für eine Minderheit eine Chance sein, die meisten leiden jedoch unter diesen Zumutungen, erleiden sozialen Stress und werden einsam und heimatlos. Die zahllosen über den Markt vermittelten Chancen der freien Wahl führen bei den Menschen zu Überforderungen und Verunsicherungen, die mit dem Verlust sozialer Sicherheit und steigender sozialer Ungleichheit einhergehen.

Stabile Berufsbiografien als Regelfall gehören der Vergangenheit an. In den neoliberalen Strukturen erleben die Menschen den Zwang zu ständigem Risiko, der Existenzängste erzeugt. So gibt es heute mehr Verlierer, mehr entwurzelte Menschen sowie Einsamkeit und psychosoziale Probleme. Umso wichtiger werden die Konsumchancen, die die Identität stabilisieren und die Sozialintegration sichern.

Die konsumistische Lebensweise bringt die Subjekte in eine prekäre Situation, denn immer mehr Menschen sind von den normopathologischen Auswirkungen eines problematischen kompensatorischen Konsums bis hin zur Kaufsucht betroffen. Auf der Ebene des Subjekts strukturiert der Konsumismus durch Kult- und Erlebnismarketing die Erlebniswelten der Menschen bis hin zum Einkaufen als Zeitvertreib. Der für die heutigen Lebensstile typische Konsumismus gilt als eine

© Springer Fachmedien Wiesbaden 2016
B. Bierhoff, *Konsumismus*, essentials, DOI 10.1007/978-3-658-12223-2_7

Grundlage für allgemeine Suchtanfälligkeit wie für die Entstehung nichtstoffgebundener Süchte.

Richtet man den Blick auf strukturelle Hintergründe und die globale Gesamtsituation, so fallen Umweltprobleme, Armut und Hunger, Klimaveränderungen, Artensterben und irreversible Veränderungen der Biosphäre auf.

Heute ist die Erkenntnis gesichert, dass die weltweit verfügbaren Ressourcen keine Fortsetzung geschweige denn Ausweitung der industriellen Massenproduktion mit dem konsumistischen Lebensstil erlauben. Die ökologischen Grenzen des ökonomisch und technologisch Machbaren sind durch die Entwicklung des letzten halben Jahrhunderts belegt. Keine zukunftsbezogene politische und wirtschaftliche Planung, die nicht an einer pathologischen Erkenntnisstörung leidet, kann an der Gewissheit vorbeigehen, dass die westliche Zivilisation mit dem ihr eigentümlichen tödlichen Fortschritt – bezeichne man ihn als Kapitalismus, Neoliberalismus oder Ökonomismus – an objektive Schranken stößt. Das Problem geht im Wesentlichen „auf unsere Unfähigkeit zurück zu erkennen, dass das moderne Industriesystem mit all seiner intellektuellen Verfeinerung die Basis aufbraucht, auf der es errichtet wurde" (Schumacher 2001, S. 17).

Die einzige Alternative, die eine ökologische Katastrophe verhindern könnte, liegt in der Wahl einer neuen Lebensweise, die von einer nachhaltigen Produktions- und Konsumorientierung bestimmt ist. Voraussetzung für diese Lebensweise ist nicht nur eine „radikale seelische Veränderung des Menschen" (Fromm), sondern der Umbau des Industriesystems nach Maßgabe ökologischer Kriterien.

Ausgangspunkt der Zivilisationskritik von Rudolf Bahro ist die immer mehr zur Gewissheit gewordene Vermutung, dass eine Gesellschaft, die ihre Kräfte tauschwertorientiert vorrangig in die Erzeugung von Reichtümern (Waren, Güter) investiert, kulturell ihre Zukunftsfähigkeit verspielt. Er thematisiert die Ausbeutung der natürlichen Ressourcen als ungelöstes Problem der industriellen Güterproduktion. Die Produktion von Waren führt zu einem ungeheuren Anstieg der Naturausbeutung, da im industriellen Entwicklungsmodell Güter produziert werden, ohne die Endlichkeit und den Verbrauch der Ressourcen in die wirtschaftliche Gesamtrechnung einzubeziehen. Dieses auf Industrialismus und Produktivismus gründende Entwicklungsmodell kann sich – wenn auch nur temporär – aufrechterhalten, indem es den Menschen das Konsumieren als unbedingt zu befolgende Notwendigkeit oktroyiert. Es ist auf einen verschwenderischen Konsum ausgerichtet, der das Gegenstück zur Massenproduktion ist. Entsprechend müssen die Menschen auf die scheinbare Notwendigkeit eines ungebremsten Konsums eingestellt werden, was einem gesellschaftlich legitimierten Betrug am Menschen gleichkommt.

Der Konsumismus führt aber nicht nur zu Psycho- und Sozialpathologien, sondern er entfaltet global zunehmend exterministische Wirkungen. Unter *Exterminismus* versteht Bahro in Anlehnung an Edward Thompson ein Zivilisationsstadium jenseits der ökologischen Stabilität, das die Tendenz zeigt, im Ungleichgewicht von Produktiv- und Destruktivkräften weltweit immer weitere destruktive Wirkungen bis hin zur „Selbstzerstörung" durch Naturausbeutung, Zerstörung der Biosphäre, Artensterben, Armut und Hunger zu entfalten. Dieser Prozess verläuft unterhalb des wachen Bewusstseins, so dass die überwiegende Zahl der Menschen nicht erkennt, dass der Exterminismus „in unsere Ideale, unsere höchsten Güter und Werte eingebaut" ist. „Wir nehmen die verschiedensten exterministischen Einzeleffekte billigend in Kauf ..." und halten „an einer gewohnten Praxis fest, die sich als selbstmörderisch herausstellt, ohne so gemeint zu sein." Mit Hilfe der Annahme eines gesellschaftlichen Unbewussten und eines kulturell bedingten Verdrängungsprozesses lässt sich erklären, dass der Mensch „seit Beginn der Zivilisation immer mehr schöpferische Lebensenergie in mörderische und selbstmörderische Kulturzusammenhänge" investiert. (Bahro 1990, S. 110 ff.)

Um die Gefahr des Exterminismus der westlichen Zivilisation zu bannen, ist mit der Einsicht ernstzumachen, dass nur eine ökologisch bewusste Lebensweise rettend sein kann, die sich als Alternative zum Konsumismus begreift. Die notwendige lebensdienliche Haltung erfordert einen neuen kategorischen Imperativ, der die soziale und ökologische Frage gegen das Effizienzprinzip des Ökonomismus immer wieder verteidigt. Ein solcher Imperativ wurde bereits Ende des vorletzten Jahrhunderts formuliert: „Handle so, dass du in jeder deiner Handlungen nicht bloß dein eigenes Leben, sondern zugleich das Leben deiner Mitmenschen bejahst, insbesondere aber, das der künftigen Generationen sicherst und hebst." (Stein 1897, S. 705) Nun mag gegenüber Stein die Erkenntnis zu ergänzen sein, dass die zukünftigen Generationen nur dann eine Chance haben, wenn der Mensch sich empathisch in die Schöpfung einordnet und sich nicht länger in anthropozentrischer Übersteigerung als die „Krone der Schöpfung" begreift.

Der notwendige Umbau des postindustriellen Systems bedarf Menschen, die sich an den historisch neuen globalen Problemlagen orientieren und die zunehmende Bereitschaft zeigen, ihre Bedürfnisse und Wünsche so zu verändern, dass sie weder sich selbst verletzen noch in ihrer Lebensweise gegen ökologische Einsichten und lebensdienliche Prinzipien verstoßen.

Vom Konsumismus zur „Freiwilligen Einfachheit"

Die Problematik der konsumistischen Lebensweise wird von einer wachsenden Zahl von Menschen erkannt. Bemühungen, den Verbrauch auf ein „vernünftiges" Maß zurückzuschrauben, werden jedoch nur sehr begrenzt praktiziert. Stattdessen versuchen die Menschen, in Bezug auf den Überkonsum weniger schädlich zu sein, und orientieren sich an Umweltstandards und den Produktionsbedingungen der Güter (keine Kinderarbeit) sowie an Umweltsiegeln.

Von Richard Gregg wurde 1936 ein Leitkonzept formuliert, das einen „einfachen Lebensstil" als Alternative zum Leben in der modernen Gesellschaft mit ihrer Massenproduktion und -konsumtion beschreibt. Greggs Grundgedanke war, auf der Grundlage buddhistischer Werthaltungen einen kulturspezifischen Beitrag zu einem einfachen Leben zu leisten, das weder von Askese geprägt ist noch auf heteronomer Triebkontrolle und Unterdrückung gründet. Seit den 1970er-Jahren wurde die Idee der „freiwilligen Einfachheit" u. a. von Duane Elgin weiterentwickelt. Da mit dem Zurückschrauben des Überkonsums eine höhere Lebenszufriedenheit erfahren wird, hat sich in den vergangenen Jahrzehnten der Kreis dieser Menschen vergrößert.

Auch Bahro plädierte entschieden für einen einfachen Lebensstil: „Nur bei einem auf Subsistenzwirtschaft gegründeten Lebensstil freiwilliger Einfachheit und sparsamer Schönheit können wir uns, wenn wir außerdem unsere Zahl begrenzen, auf der Erde halten." (Bahro 1990, S. 320)

Der auf dem Ideal der „Freiwilligen Einfachheit" basierende Lebensstil bemüht sich um ein niedrigeres Konsumniveau und bevorzugt Werte wie Unabhängigkeit, Selbstständigkeit und ökologische Verantwortung. Die „kontraktive Lebensweise" – wie Bahro den alternativen Lebensstil bezeichnete – bedeutet die Abkehr von der Orientierung am Haben. Ebenso werden statusorientierter Geltungskonsum und Einkaufen als Zeitvertreib verworfen.

© Springer Fachmedien Wiesbaden 2016
B. Bierhoff, *Konsumismus*, essentials, DOI 10.1007/978-3-658-12223-2_8

Der einfache Lebensstil beinhaltet eine gesunde, umweltbewusste, regional ausgerichtete vegetabile Ernährung mit weitgehendem Verzicht auf Fleisch und Wurstwaren. Präferiert werden Produkte vom lebenden Tier, das artgerecht und umweltbewusst gehalten wird.

Als ein wichtiger Meilenstein auf dem Weg zu einem einfachen Lebensstil wird erachtet, ohne die Banalität von stundenlangem Fernsehkonsum auszukommen. Werbung gilt als verzichtbar, da sie nicht nur über neue Produkte informiert, sondern diese als erstrebenswert darstellt und so Bedürfnisorientierungen erzeugt, die auf ihren Erwerb ausgerichtet sind.

Die entscheidende Frage in Bezug auf den einfachen Lebensstil und seine Realisierungschancen liegt jedoch darin, ob in der gegenwärtig verbreiteten Lebensführung Veränderungen aufzufinden sind, die deutlich und zunehmend in Richtung ökologischen Problembewusstseins und einer neuen Bescheidenheit verweisen.

Am bekanntesten sind die Untersuchungen des Marktforschers und Soziologen Paul H. Ray, der zusammen mit Sherry Ruth Anderson neben den *Traditionalisten* und den *Modernisten* ein neues Lebensstilsegment empirisch beschrieben hat, dessen Angehörige er als *Kulturell Kreative* bezeichnet. (Ray und Anderson 2000) Als Typ eines neuen Konsumenten wurde, ebenfalls von Ray, zuerst in den USA dann auch in Deutschland, in empirischen Untersuchungen der LOHAS-Typ entdeckt. Die LOHAS fungieren als ein Sammelbegriff für neue Lebensstile und die entsprechenden Konsumenten, die sich an Gesundheit und Nachhaltigkeit orientieren (LOHAS = *Lifestyles of Health and Sustainability*).

Dieser postmoderne Typ des Konsumenten zeigt sich ich-orientiert, unabhängig, umweltbewusst, gesundheitsorientiert und präferiert Bio-Produkte. In ihm werden einige Tendenzen gebündelt, die im Sinne des zielgruppenorientierten Marketings als „nachhaltig" bezeichnet werden. Zu hinterfragen ist jedoch der einseitige und verzerrende Gebrauch der Leitbegriffe „Gesundheit" und „Nachhaltigkeit", denn „Nachhaltigkeit" wird als Trend kommerzialisiert und als Lebensgefühl vermarktet. Die im Marketing neu entdeckten Lebensstile „LOHAS" sind nicht schon deshalb alternativ, weil deren Anhänger im Bio-Supermarkt Lebensmittel kaufen, die durch eine ansprechende Verpackung auffallen und Gesundheit und Nachhaltigkeit versprechen. Im Marketing geht es nicht um die Förderung von Nachhaltigkeit, sondern um die verkaufsträchtige Aufnahme der Nachhaltigkeitsidee, nicht aus Umweltengagement, sondern aus Gründen der Vermarktung, um im Trend zu liegen. Ebenso wenig geht es den meisten Verbrauchern primär um Nachhaltigkeit, sondern um ein Konsumniveau mit hohem Genuss, Spaß und Unterhaltung – unter Aufrechterhaltung der Gesundheit. Offenbar passt dieser Konsumententyp gut zu den Vermarktungsinteressen der Bio-Food- und alternativen Tourismusbranche. Insofern ist zweifelhaft, ob es sich bei diesem Trend tatsächlich um nachhaltig konsumierende Menschen handelt. Auf der einen Seite sind Gesundheit und Nachhaltigkeit als Forderung in den postmodernen Lebensstil eingegangen, auf der anderen Seite haben sie durch die Vermarktung ihre kritische Spitze verloren, so dass sich der postmoderne Lebensstil als blind für alle inhaltlichen Zukunftsfragen und ohne humanistisches Gewissen zeigen könnte. Die postmoderne Persönlichkeit kann eben alles sein, auch „ökologisch orientiert".

Bei der „ökologischen Orientierung" kann nach Wissen und Handlungskonsequenz unterschieden werden. Das Wissen um die Umweltprobleme und die Naturzerstörung ist im Vergleich zum umweltgerechten Handeln deutlich stärker ausgeprägt. So zeigen sich über 90 % der Menschen in Bezug auf die Umwelt besorgt, aber nur weniger als 5 % kaufen Lebensmittel aus biologischem Anbau. Bei den geäußerten Meinungen und Einstellungen handelt es sich nicht um einen ökologischen Bewusstseinswandel, sondern um den Versuch einer „systemimmanente Schadensbegrenzung" (Bahro), die in ihrer Funktion auf die Stabilisierung der gegenwärtigen Ökonomie bezogen ist. Im Sinne eines sogenannten Megatrends werden die teilweisen kleinen und überschaubaren Strukturen der ökologischen Landwirtschaft zunehmend großindustriell vereinnahmt und ausgeweitet. Das ist alles andere als ein Prozess, der mit Nachhaltigkeit zu tun hat, denn Ökologie wird hier eindeutig der Ökonomie untergeordnet: die Strukturen der vorherrschenden Ökonomie verbinden sich mit der großindustriellen Produktion von Bio-Lebensmitteln – teilweise mit der Verlagerung der Produktion ins Ausland und den dann erfolgenden Importen.

So bleiben auch die an Gesundheit und Nachhaltigkeit orientierten LOHAS Teil der ökologischen Krise, statt in kritischer Selbstreflexion den eigenen Anteil am Zerstörungsprozess zu erkennen. Auch der den LOHAS entsprechende Lebensstiltyp will auf einer unbewussten Ebene – so könnte man mit Bahro sagen – die Zerstörung, solange er nicht „seine eigenen Interessen, Gewohnheiten, Bequemlichkeit hintansetzt" (Bahro 1990, S. 405).

Um das Loblied auf die LOHAS und die mancherorts entstandene Euphorie, in den Lebensstilen geschehe ein durchgreifender Wandel im Sinne der nachhaltigen Entwicklung, zu relativieren, brachte ich zu dem von Richard Gregg bereits in den 1930er-Jahren formulierten Lebensstil der „Freiwilligen Einfachheit" das Akronym LOVOS in die Diskussion, zunächst mit Hilfe eines in der Wikipedia eröffneten Artikels (04.11.2004). Der Artikel wurde zwar einige Monate später aus der Wikipedia herausgenommen, das Akronym hatte sich aber schon im Sinne der intendierten Kritik an der Lebensstilgruppe der LOHAS im Internet verbreitet. So wurde das Kürzel in mehreren Artikeln (*Süddeutsche Zeitung, DIE ZEIT, Spiegel online*) und in vielen Blogeinträgen und Diskussionsforen verwendet. Heute wird zu den LOHAS durchwegs als Alternative der LOVOS gesetzt, der dem oben bereits erwähnten „Lifestyle of Voluntary Simplicity" entspricht. Auch wenn hinter der freiwilligen Einfachheit kein homogener Lebensstil steht, lässt sich als ihr zentrales Merkmal die konsequente postmaterialistische Orientierung nennen, die ein großes gesellschaftliches Potenzial der Kritik am Konsumismus beinhaltet. Insofern in diesem Lebensstil kein Drift zu finden ist, der zu Beliebigkeit, Hyperflexibilität und Heimatlosigkeit führt, lässt er sich sicherlich nicht als *postmodern* beschreiben. Trotzdem sind postmoderne Akzente zu finden, etwa wenn Askese abgelehnt und Genuss befürwortet wird – auch wenn Gesellschaft nicht als Spaßgesellschaft und die eigene Weltanschauung nicht als hedonistisch und multioptional, sondern als sozial verantwortlich und kommunitär dargestellt werden. Dieser Lebensstil beinhaltet ein breites Spektrum menschlichen Verhaltens und ist ein entwicklungsfähiges Konzept für die Menschen, die sich zu einem bewussten Lebensstil hingezogen fühlen und beginnen, ihr alltägliches Leben auf eine ökologisch tragfähige Weise zu organisieren.

Der einfache Lebensstil ist als die Abkehr vom Konsumismus zu interpretieren und bedeutet im Sinne von Brückner und Bauman ein Heraustreten aus dem Lebensführungskonsens der Gesellschaft der Konsumenten mit der Folge abgeschwächter sozialer Integration. Die Anhänger des einfachen Lebensstils müssen sich dann ihre eigenen integrativen Sozialräume schaffen, in denen sie ihren Lebensführungskonsens neu begründen.

Der salutogenetische Weg aus dem Überkonsum zum Postkonsumismus

Die *Salutogenese* von Aaron Antonovsky geht davon aus, dass der Mensch mit seiner Geburt in den Fluss des Lebens gestoßen wird und er sich nicht aussuchen kann, wie die Beschaffenheit dieses Flusses an dieser biografisch-gesellschaftlichen Zeitstelle ist, ob er reißend oder kalt, oder behaglich und tragend ist. Die Aufgabe des Menschen besteht darin, ein guter Schwimmer im Strom des Lebens zu werden. Nimmt man dieses erläuternde Bild der Salutogenese, so sind die Fähigkeiten, das Leben zu bewältigen, das „Gefühl der Kohärenz" und der eigene Gesundheitsstatus im Kontinuum des Gesundheit-Krankheit-Spektrums auch immer vom sozialen Status und dem sozialen Milieu abhängig, in das ein Mensch mit seiner Geburt eintritt. Wir haben uns nicht aussuchen können, ob wir die Welt in einer Kriegs- und Friedenszeit kennenlernen, wir in eine autoritäre Gesellschaft oder eine Konsumgesellschaft hineingeboren werden und der soziale Status unserer Herkunftsfamilie sozioökonomisch sicher oder prekär ist. So eigentümlich es klingen mag, wenn wir mit unserer Geburt in eine Konsumgesellschaft hineingestellt wurden, haben wir die Aufgabe, zu einem guten Schwimmer in der Gesellschaft der Konsumenten zu werden. Das klingt nach Anpassung und Konformität, doch ist das keineswegs so eindeutig, auch nicht in Bezug auf die Vorstellungen von Gesundheit, Krankheit und Normalität. Es liegt im Wesentlichen auch beim Schwimmer, einmal wie gut er zu schwimmen vermag und welche Richtungen er einschlägt. Kann er sich nur mit Mühe über Wasser halten und kommt er nur langsam voran oder wird er von einer Stromschnelle oder einem Strudel in Gefahr gebracht? Zum anderen ist die Frage, wie schnell er schwimmen kann, wie kraftvoll und kräftesparend, mit gleichem Tempo oder unterschiedlich schnell. Zum weiteren kann er als guter Schwimmer auch gegen den Strom schwimmen, eine Insel ansteuern, auf dieser verweilen und sich ausruhen und Kräfte sammeln. Schließlich kann er zusammen mit anderen schwimmen, zu einer Übereinkunft über die lohnenswerte Strecke und das Ziel kommen usw. Vielleicht ist er schon frühzeitig

B. Bierhoff, *Konsumismus*, essentials, DOI 10.1007/978-3-658-12223-2_9

in eine Schwimmschule gegangen und hat gelernt, wie man gut vorankommt ohne sich zu erschöpfen, hat seine Kräfte im Vergleich mit anderen erprobt, seine Emotionen geschult und gelernt, mit Niederlagen und Siegen klar zu kommen. Insgesamt mag er zu einem guten Schwimmer geworden sein. Dafür entscheidend kann der Ehrgeiz oder das Antreiben zum Erfolg gewesen sein, vielleicht sind es auch die Erfahrung der Selbstwirksamkeit, der Selbstbemessung und die Freude an Veränderung gewesen, die ihn bei seinen Versuchen zu schwimmen begleitet und angespornt haben.

Möglicherweise kann man generell sagen, dass der Mensch als Konsument, wenn er die gesellschaftliche Erwartung befolgt, die Massenproduktion in Müll umzuwandeln, ein schlechter Schwimmer ist. Er kommt zwar vorwärts, von Etappe zu Etappe, von Konsumtempel zu Konsumtempel, von Kauf zu Kauf, doch verfehlt er dabei, seine immateriellen Bedürfnisse zu entwickeln. Soweit er als Konsument kommodifiziert ist, trägt er eine schwere Hypothek mit sich. Es ist so, als ob an seinem Körper Gewichte hängen, die ihn beim Schwimmen behindern, so dass er gar nicht weiß, dass er ohne die Einschränkung der Kommodifizierung viel besser schwimmen könnte.

Im Folgenden soll es um die Frage gehen, wie man im Zusammenhang mit der Förderung eigener Gesundheit und dem Mut, aus der Pathologie der Normalität auszuscheren, gesund werden und gesund bleiben kann. Es kann nicht die Rede davon sein, dass es neben den Konsumaktivitäten nichts anderes mehr gibt. Die Menschen knüpfen in ihrer Lebenswelt Kontakte, schließen sich in Gruppen zusammen, nehmen Beziehungen auf, lieben sich und unterstützen sich. Kinder werden liebevoll aufgezogen. Daneben gibt es nach wie vor gewaltförmige Strukturen, die sich etwa in der Kindeswohlgefährdung zeigen. Seit der Mitte des 20. Jahrhunderts hat sich jedoch zunehmend der Modus der fürsorglichen Erziehung etabliert. Dennoch ist die *Gesellschaft der Konsumenten* eine treffende strukturelle Beschreibung der gesellschaftlichen und ökonomischen Situation, die verdeutlicht, wie die Systemimperative in die Lebenswelt einbrechen und die menschlichen Beziehungen kommodifizieren. Die menschliche Zuwendung, und sei sie auch in der gegenwärtigen Situation erschwert, scheint ein unabhängiges Phänomen zu sein, das einer eigenen Entwicklungslogik folgt und die Gesellschaft der Konsumenten in Richtung einer *empathischen Zivilisation* (Jeremy Rifkin) zu überschreiten trachtet.

Was mit menschlicher Zuwendung bezeichnet wird, steht im Allgemeinen außerhalb der kommodifizierten menschlichen Beziehungen im alltäglichen und beruflichen Handeln. Deshalb kann sie im Sinne der Salutogenese zur Abkehr vom überflüssigen und destruktiven Konsum beitragen.

Als nichtkommodifizierte Zuwendung lässt sie sich mit Begriffen wie liebe-
volle Aufmerksamkeit, freundliches Zugeneigtsein und unterstützendes Handeln
umschreiben und führt zu einer Immunisierung gegenüber kompensatorischen
Konsumerwartungen. Wird hingegen die zuwendende Tätigkeit in Geld bemessen,
handelt es sich um eine (kommodifizierte) Dienstleistung, wie sie z. B. in den hel-
fenden Berufen (Psychotherapie, Altenpflege etc.) erbracht wird.

Zu den sozialisatorischen Faktoren, die den Konsumismus ermöglichen und
damit die Gesundheit von Menschen in dem gesellschaftlich definierten Spektrum einschränken, gehören mangelnde Zuwendung und Begleitung in der frühen
Kindheit. Hingegen führen Erfahrungen, die mit Geborgenheitserleben in der kör-
perlichen Nähe und der bedingungslosen Erfüllung der Bedürfnisse des Säuglings
während des sogenannten extrauterinen Frühjahrs der kindlichen Entwicklung verbunden sind, zu „starken" Kindern, die auf den kompensatorischen Konsum verzichten können. Wollte man einen Menschen vor konsumistischer Vereinnahmung
bewahren, müsste er vorbehaltlos begleitet und unterstützt werden und reichlich
alles bekommen, was er braucht, um Vertrauen in die Welt und schließlich in sich
selbst zu erlangen – nicht im Sinne von überflüssigen Geschenken, die dinghaft und
über den Warenmarkt vermittelt sind, sondern im Sinne der menschlichen Zuwendung, des Angenommenseins und Getragenwerdens. Diese elementare Sozialform
der Zuwendung ist in den Eltern-Kind-Beziehungen noch zu gering entwickelt.
Zuwendungsdefizite führen zu dem Bestreben, im Konsum Ersatzbefriedigungen
zu erlangen, die über den Markt vermittelt sind. Eine zu geringe Zuwendungs-
bereitschaft bestätigt die kommodifizierten Strukturen und damit den kompensatorischen Konsumismus. In den Interaktionsformen der Mutter-Kind-Dyade und
später in den erweiterten Beziehungskonstellationen der Familie ist das Willkom-
mensein und die bedingungslose Begleitung die Voraussetzung dafür, im späteren
Leben die kompensatorischen Angebote des Konsumismus als alltäglichen Ballast
zu verwerfen. Die bedingungslose Zuwendung um des Menschen willen erfolgt
abseits des Marktwertes und ist auch nicht mit Gegenleistungen wie dem Erbringen von erwarteten anerkennenswerten Leistungen verknüpft, die ihn in den Augen
der Bezugspersonen als „wertvoll" erscheinen lassen. Anerkennung ist nicht an
in Geldwert quantifizierbare Leistungen gebunden, die lediglich ökonomisch statt
menschlich bestimmt werden. Defizite in der menschlichen Zuwendung gehen
mit der Vorherrschaft der marktorientierten Wirtschaftsweise einher. Der Weg aus
dem Überkonsum in den Postkonsumismus erfordert neue Haltungen, mit denen
die Kinder von Geburt an auf ihrem Lebensweg begleitet werden. Veränderungen
des Erziehungsmodus von der funktionalen Sozialisation zur empathischen Begleitung mit Fürsorge und Unterstützung haben bereits im 20. Jahrhundert stattgefunden und bedürfen heute der institutionellen Verstärkung. Um in einer vom

Exterminismus bedrohten Welt den „globalen Holocaust" zu verhindern, fordert Lloyd deMause „ein gewaltiges weltweites Programm zur Beendigung von Kindesvernachlässigung und -missbrauch" mit präventiven Institutionen, z. B. Elternschaftszentren, die eine empathische Elternschaft unterstützen (deMause 2005, S. 305 ff.). Der Übergang zu einer postkonsumistischen Lebensform bedarf eines salutogenetischen Weges, der aus der gegenwärtigen „Pathologie der Normalität" herausführt.

Theoretische Perspektiven und praktisches Handeln

Die westliche Zivilisation lässt sich als eine Kultur beschreiben, die auf Wissenschaft und Technik gründet, von Rationalisierung und Machbarkeit angetrieben wird und die menschlichen Produktivkräfte weltweit in Arbeitsverhältnissen nutzt und ausbeutet. Zivilisationen entfalten disziplinierende Wirkungen, mit denen die Triebkräfte der Menschen auf die Zwecke der spezifischen Strukturen der Ökonomie und des Zusammenlebens ausgerichtet werden. Der zivilisierte Mensch der Neuzeit ist in seiner Triebstruktur domestiziert, was durch die realitätsgerechten Ich-Leistungen und die innere Kontrolle durch moralische Prinzipien bewirkt wird. Die westliche Zivilisation war in ihrer Entwicklung auch durch eine Verfeinerung und Kultivierung der Sitten und die Ausarbeitung eines kodifizierten Rechts bestimmt, die von humanistischen und aufklärerischen Vorstellungen über die Bestimmung des Menschen als ein Vernunftwesen begleitet wurden. Insgesamt entstand eine vielgestaltige Kultur, die über den Komplex der Zivilisation (über die Megamaschine) hinausreicht und auf die Mündigkeit des Individuums sowie menschliche Bezogenheit und Zuwendung setzt.

Durch die Verschiebung auf materialistische Haltungen, die mit der Mächtigkeit der westlichen Kultur verbunden sind, kam es seit der industriellen Revolution zu einer zunehmenden Wirksamkeit im Sinne technologischer und ökonomischer Effizienz. Damit veränderte sich das Verhältnis von zivilisatorischen und kulturellen Entwicklungen zugunsten der in der westlichen Kultur sich ausdehnenden Megamaschine, die mit ihrer technokratisch-bürokratisch-ökonomistischen Ausrichtung nicht nur die Gesellschaftsmitglieder repressiv integriert und gleichschaltet, sondern auch weltweit destruktive Wirkungen mit sich bringt.

Spätestens mit dem Ende des 20. Jahrhunderts wurde durch den drohenden Exterminismus deutlich, dass eine Zivilisation, die sich über Kultur erhebt, ein Irrweg in der menschlichen und gesellschaftlichen Entwicklung ist und Kultur gegenüber der Zivilisation den Vorrang haben und gestärkt werden sollte. Kultur ist – wenn

© Springer Fachmedien Wiesbaden 2016
B. Bierhoff, *Konsumismus*, essentials, DOI 10.1007/978-3-658-12223-2_10

man sie im Gegensatz zur Zivilisation versteht – nicht effizient; sie ist wirkmächtig, sie ist spielerisch und kommunitär, sie ist kontingent durch ihren Vorrat an Wissen und Problemlösungen und inventiv und lebensbezogen. Die hohe Kultur lässt sich heute in ihrem Bezug auf Natur mit dem Auftrag verbinden, sinnhaften Gebrauch der Naturgaben und Ressourcen in vernünftiger, bewahrender und nachhaltiger Weise zu machen. Demgegenüber wirkt eine Zivilisation ohne Liebe und Vernunft, die sich der Effizienz des Ökonomismus unterwirft, nicht als lebensdienlich, sondern als destruktiv. Ihr gewalttätiges Potenzial macht eine solche Zivilisation untauglich als Weltleitkultur.

Die Suche nach *Alternativen zum Konsumismus* kann sich nicht auf Veränderungen in den Konsumentenrollen beschränken. Sie zielt auf die Umwälzung der bestehenden Ökonomie des Überflusses und der Vergeudung von Ressourcen. Das für die Zukunft der Menschheit entscheidende Problem, das in den reichen westlichen Gesellschaften gelöst werden muss, liegt darin, eine neue verallgemeinerungsfähige Lebensweise zu entwickeln, die sich rigoros von dem destruktiven Konsumismus verabschiedet und die Bevölkerung mehrheitlich in ihren Bann zu ziehen vermag.

Halbherzige Lösungen des Sowohl-als-auch können nicht zum Erfolg führen, sondern sind nichts anderes als kosmetische Verbesserungen. Nach Bahro setzt ein „rettender gesellschaftlicher Wandel" eine tiefgreifende Verwandlung des Menschen sowie neue Beziehungsstrukturen und Institutionen voraus, die eine Abkehr von der Megamaschine beinhalten. (Bahro 1990, S. 209, 212) Unsere Frage ist nicht darauf zu beschränken, „was innerhalb der gewohnten Verfassung des Bewusstseins und der Institutionen das Beste und Machbarste wäre", sondern wir müssen eine entschiedene und radikale ökologische Rettungspolitik betreiben. (ebd. S. 315)

Auch darf die strukturelle Ebene nicht vernachlässigt werden, auf der es um das geht, was Bahro als „Harmonisierung der wirtschaftlichen Tätigkeit" bezeichnet: „Verlagerung der Prioritäten von der Ausbeutung der Natur durch die Produktion auf deren Einordnung in den natürlichen Zyklus, von der erweiterten auf die einfache Reproduktion, von der Steigerung der Arbeitsproduktivität auf die Pflege der Arbeitsbedingungen und der Arbeitskultur"; des Weiteren um die „Entwicklung einer natur- und menschengemäßen Technik und Technologie, die Wiederherstellung der Proportionalität zwischen großer (industrieller) und kleiner (handwerklicher) Produktion". (Bahro 1977a, S. 45)

In seiner kulturkritischen Schrift *Das Unbehagen in der Kultur* vertrat Freud die Sichtweise, dass Glück in der Schöpfung nicht vorgesehen ist. Dennoch beharrte er darauf, der Zweck des menschlichen Lebens bestehe im Glücksstreben. Zwar nimmt Kultur dem Menschen das Glück unbeschränkter Triebbefriedigung und begrenzt die Triebfreiheit, doch gibt sie im Gegenzug den Menschen Schutz vor den Unbilden der Natur, regelt die menschlichen Beziehungen und eröffnet den Zugang zu kulturellen Leistungen der Sicherheit, Reinlichkeit, Ordnung und Schönheit.

Gerade der Konsumismus zeigt, dass die Menschen nicht bereit sind, ihr Glücksstreben aufzugeben. Eher lassen sie sich täuschen und etwas als Glück verkaufen, was nicht geeignet ist, Glück in den menschlichen Beziehungen und Freude am Prozess des persönlichen Wachstums zu erleben. Gemessen an den mit den Waren verbundenen Glücksversprechungen können die Hoffnungen der Menschen immer wieder nur enttäuscht werden. „Was die meisten Menschen heute als Glück erleben, [ist] in Wirklichkeit ein Zustand der vollen Befriedigung ihrer Bedürfnisse ohne Rücksicht auf deren Qualität... In seiner gegenwärtigen Bedeutung ist Glück in der Regel ein oberflächlicher Zustand des Sattseins und kein Zustand, der mit der Fülle menschlicher Erfahrungen Hand in Hand geht, und man könnte dieses ‚Glück' als die entfremdete Form der Freude bezeichnen." (Fromm 1968a, S. 349 f.)

Dieses Konsumglück ist mit kompensatorischem Kaufen verbunden, das sich bis zur Kaufsucht steigern kann. Die in die Gesellschaft der Konsumenten integrierten Menschen kaufen überwiegend kompensatorisch, also um bestimmte Gefühle wie Langeweile zu minimieren oder sich beim Einkaufsbummel zu aktivieren. In der Kaufsucht sind diese „normalen" Beweggründe deutlich übersteigert. Unerwünschte und belastende Gefühlszustände werden mit den Kaufaktivitäten bekämpft, Angst oder Erregung unter Kontrolle gehalten, fehlende Zuwendung in der Lebensgeschichte oder der aktuellen Lebenssituation durch die zu erwerbenden Güter ersetzt. Dabei sind diese Güter aber letztlich irrelevant und austauschbar; sie sind nicht für den Gebrauch bestimmt, sondern werden gelagert, vernichtet oder verschenkt. Der Kaufakt selbst steht mit den ihn begleitenden psychischen Wirkungen im Mittelpunkt, die stimulieren oder beruhigen oder von Verzerrungen des Selbsterlebens begleitet sind. Der Kunde, dem vermittelt werden soll, dass er König ist, fühlt sich dann im illusionären Selbsterleben als geschätzt und beschenkt und in seiner Einmaligkeit gewürdigt.

Wie bei den stoffgebundenen Süchten (z. B. Alkoholsucht) kommt es im Laufe der Suchtentwicklung auch bei den stoffungebundenen Süchten wie der Kaufsucht zu einem Kontrollverlust, zu Entzugserscheinungen und einer Dosissteigerung. Die Einstellung oder Einschränkung des süchtigen Verhaltens gelingt nicht mehr; sozialer Rückzug und Hoffnungslosigkeit können ebenso Folgen sein wie Eheprobleme und Verschuldung.

Die betroffenen Menschen fragen zwar angesichts zunehmender Verschuldung und Konsumsucht soziale Hilfen bei Schuldnerberatungs- und Suchtberatungsstellen nach, doch können diese Hilfen durchgreifend und langfristig nicht von außen, von Pädagogen und Sozialarbeitern, erbracht werden, sondern bedürfen neuer Organisationsformen des Sozialen und einer im Gemeinwesen verankerten Verantwortlichkeit und Abstützung des Einzelnen. Denn der Entstehungszusammenhang der Kaufsucht ist unmittelbar mit dem Konsumismus verbunden. In seinen „normalen" Formen ist das Kaufverhalten gesellschaftlich erwünscht, die in den übersteigerten Formen der Kaufsucht sich ausdrückende menschliche Problematik gilt als billigend in Kauf zu nehmender Kollateralschaden, der jedenfalls die Massenproduktion nicht in Frage stellt. Da der Kaufsüchtige die Erwartungen der Konsumgesellschaft erfüllt, eigentlich sogar übererfüllt, bleibt er Teil der Gesellschaft der Konsumenten.

Im Gegensatz zu manifesten Suchtproblemen lassen sich die Menschen, die kompensatorisch konsumieren, nicht behandeln, da sie im herkömmlichen Sinne weder krank sind noch sich abweichend verhalten. Gegen den „sozialen Defekt" der Selbstwertschwäche und des kompensatorischen Kaufens gibt es keine therapeutischen Anlaufstellen, zumal die alltäglichen Aktivitäten den Ausbruch einer manifesten Krankheit verhindern (zur „Pathologie der Normalität" siehe: Fromm 1955a, S. 13 ff.). Wer sich im herkömmlichen Sinne normal verhält, gilt als gesund und integriert. Im Sinne der Konsumkritik lassen sich diese „normalen" Menschen zunächst einmal nicht gegen den Überkonsum mobilisieren. „Zu vernünftigem Konsum kann es nur kommen, wenn immer mehr Menschen ihr Konsumverhalten und ihren Lebensstil ändern wollen." (Fromm 1976a, S. 395)

Erst wer sein Mitmachen und Weitermachen in der Konsummaschinerie in Frage stellt und den Ausstieg aus dem Überkonsum als notwendig erachtet, wird darüber nachdenken, wie dieser Ausstieg auch praktisch aussehen könnte. Kann es sich hier um eine individuelle Entscheidung handeln oder muss diese Entscheidung mit der Entwicklung reflexiver Sozialformen im Gemeinwesen verbunden sein? Auch reicht es nicht, die anvisierten Veränderungen nur „negativ" (als Absage an den Massenkonsum) zu bestimmen; sie müssen sich auch „positiv" als Transformation der Gesellschaft der Konsumenten in die *Gesellschaft der Citoyen* beschreiben lassen. Erst die aktive Mitwirkung am Gemeinwesen kann die menschlichen Potenziale und Qualitäten fördern, die schließlich die neuen postkonsumistischen Sozial- und Wirtschaftsformen hervorbringen.

Schritte zu Genuss und Nachhaltigkeit – Anregungen für einen nachhaltigen Lebensstil

Rudolf Bahros Wirken – in den 1970er-Jahren als Systemkritiker des real existierenden Sozialismus und seit den 1980er-Jahren als entschiedener Kritiker der kapitalistischen Megamaschine – war mit einem aufklärerischen Interesse am Menschen und seiner Lebensweise verbunden. Doch vernachlässigte er dabei nicht die strukturelle Ebene, auf der es um die „Harmonisierung der wirtschaftlichen Tätigkeit" geht, um eine nachhaltige Produktion und Konsumtion.

Bereits in *Die Alternative* (1977) ging es Bahro „um den Entwurf eines Programms, für das man Menschen mobilisieren kann, die nicht mehr weitermachen wollen wie bisher." (Bahro 1977a, S. 73) Damit Menschen sich in diesem Sinne entfalten können, bedürfen sie nicht nur einer Vision, sondern auch einer Organisation des Lebens, die den Ausdruck der höheren Bewusstseinskräfte fördert und die Entfaltung der immateriellen Bedürfnisse ermöglicht.

Werden die vielen konsumistischen Aktivitäten, die mit der Stimulierung materieller Bedürfnisse in einem Kreislauf wiederholt erfolgender Steigerungen verbunden sind, drastisch reduziert, kann ein einfaches, befriedigendes und reiches Leben mit mehr freier Zeit sowie selbstbestimmten und gemeinschaftlichen Aktivitäten geführt werden.

Die freiwillige Einfachheit – Rudolf Bahro spricht von einer „kontraktiven Lebensweise" – bezeichnet keine asketische Haltung mit Genussfeindlichkeit, sondern strebt ein maßvolles und lebensdienliches Genießen an. Es geht auch nicht „um Verzicht, sondern um Befreiung aus einem überholten Kulturmuster, nicht um Verlust, sondern um Gewinn an Lebensqualität" (Jakubowicz 2002, S. 208). Gesetzt wird auf Lebensqualität im Zusammenhang mit nachhaltiger Entwicklung statt auf Güterwohlstand.

Mit der freiwilligen Einfachheit und dem nachhaltigen Verbrauch ist eine Lebensstilorientierung beschrieben, die sich von dem Modus des Habens abwendet. Mit dem veränderten Konsumverhalten entwickelt sie ein neues Verständnis von Mobili-

B. Bierhoff, *Konsumismus*, essentials, DOI 10.1007/978-3-658-12223-2_11

tät, vermeidet Müll, reduziert den Energieverbrauch, berücksichtigt ökologische Kriterien bei der Wahl der Nahrungsmittel und Kleidungsstücke und praktiziert einen reflektierten Umgang mit den Massenmedien. Diese Elemente für eine zukunftsfähige Lebensweise sind Teil eines Handlungsprogramms, das ein jeder im Alltag berücksichtigen kann, um am Aufbau einer empathischen Zivilisation mitzuwirken.

Da mit dem freiwilligen Zurückschrauben des Überkonsums fast immer eine höhere Lebenszufriedenheit entsteht, hat sich in den vergangenen Jahrzehnten der Kreis von Menschen vergrößert, die ökologisch nachhaltige Lebensstile präferieren. Um sich zu etablieren, muss der nachhaltige Lebensstil verallgemeinerungsfähig sein, also von einem möglichst großen Kreis von Menschen akzeptiert werden können. Auch muss er für die Menschen unmittelbar erkennbare Vorteile erbringen. Und er muss eine Dynamik entfalten im Sinne einer Selbstverstärkung, das heißt, Versuche nachhaltigen Konsumierens führen zu weiteren Schritten nachhaltigen Tuns.

Mit den folgenden Punkten sollen einige „Schritte in eine sozialökologische Milieuwirklichkeit" konkretisiert werden:

- Statusorientierter *demonstrativer Konsum* und *Einkaufen als Zeitvertreib* werden abgelehnt. Die Haltung, die mit Konsum verbunden ist, basiert auf konkretem Gebrauchswert (anstelle abstrakten Tauschwertes).
- Nötig ist eine *Globalisierung des Mitgefühls*, verbunden mit der begreifenden Erkenntnis der weltweiten Zusammenhänge und destruktiven Wirkungen, die vom konsumistischen Lebensstil ausgehen. Mit jedem gekauften Billigprodukt bin ich Nutznießer eines Lohngefälles, das praktisch bedeutet, dass ich andere Menschen für einen Hungerlohn unter menschenunwürdigen und lebensfeindlichen Bedingungen für mich arbeiten lasse, wie zum Beispiel bei dem Kauf einer in einem Billiglohnland hergestellten Jeans.
- Die Sichtweise wird vom Produkt auf den Prozess ausgedehnt. Der nachhaltige Lebensstil blickt nicht nur auf das Produkt, sondern nimmt den Prozess seiner Herstellung und Vertreibung in kritischen Augenschein (*Prozesssicht statt Produktsicht*). Da das Produkt nicht wie ein Film seine Herstellungsgeschichte mit den beteiligten Arbeiterinnen, ihren Arbeitsbedingungen und Lebensumständen erzählt, blendet der Käufer in der Regel alles aus, was nicht sichtbare Eigenschaft des Produktes ist. So sieht man dem an der Frischtheke feilgebotenen Fleischprodukt nicht den Produktionsprozess an, der mit Massentierhaltung und ökologischen Problemen verbunden ist; dem T-Shirt – weder im Billigmarkt noch in der Boutique – nicht den ungeheuren Wasserverbrauch und die damit verbundene Landnahme, die für den Anbau der Baumwolle notwendig waren.
- Der *Zwang zur Mobilität* und damit zum Zurücklegen immer größerer Wegstrecken mit Autos, Zügen und Flugzeugen wird hinterfragt und in der Planung von Leben, Beruf und Urlaub reduziert. Während der Individualverkehr mit dem Pkw sowie Flugreisen auf die notwendigen Fälle reduziert werden, kann

die Nutzung von Fahrrädern aufgrund von Natur- und Sozialverträglichkeit ausgedehnt werden. Auf der Ebene der Kommunalpolitik bedarf es des Engagements vieler, um einen Ausbau und eine Subventionierung der öffentlichen Nahverkehrsmittel zu erwirken.

- Das *Verhältnis zum Müll* ist ein Schlüssel für eine Veränderung des Lebensstils und der Produktionsweise ebenso wie die Achtsamkeit als Haltung des Konsumenten. So wie Dienstleistungen in Tauschringen erbracht werden können, gilt es die gemeinsame Anschaffung von Geräten, Autos, Maschinen zu fördern und Gebrauchsgüter leihweise zu nutzen statt sie individuell zu besitzen, damit sie möglichst vielen Menschen zur Verfügung stehen. Einerseits wird dadurch die Menge der benötigten Waren reduziert, was zusätzlich auch den Müll verringert, andererseits werden Tugenden der Solidarität, des Miteinander, des gemeinschaftlichen Lebens und Arbeitens verbreitet. Hier geht es darum, technische Geräte möglichst intensiv zu nutzen, ihre Reparaturfreundlichkeit zu vergrößern und ihre Nutzungsdauer zu verlängern.

- Das in der Umweltbildung beliebte *Thema des Energiesparens* wird in Diskussionen zur nachhaltigen Entwicklung sehr oft exemplarisch angeführt. Genannt werden in diesem Zusammenhang z. B. die folgenden Punkte: „bei der Raumheizung auf gute Dämmung, richtiges Lüften und angemessene Temperatur achten" (Jakubowicz 2002, S. 210). Des Weiteren soll mit den Ressourcen Wasser und Elektrizität, von Ökostromanbietern bezogen, so sparsam wie möglich umgegangen werden.

- Ökologisch kultivierte und selbstzubereitete *Nahrungsmittel aus der Region*, die gesund und schmackhaft sind, werden bevorzugt. Entsprechend wird denaturierte Nahrung wie Fast Food abgelehnt. Zugleich wird die *Notwendigkeit des Tierschutzes* im Sinne des Abbaus der Massentierhaltung anerkannt (Freilandhaltung von Hühnern, artgerechte Lebensweise ohne massenhaften Einsatz von Antibiotika und Mastfutter). Präferiert wird eine gesunde, umweltbewusste, vielseitige, vegetabile Ernährung mit weitgehendem Verzicht auf Fleisch und Wurstwaren. – Stellen Sie sich vor, über der Fleischtheke würden Ihnen während des Einkaufs permanent auf einem großen Bildschirm Filme über Massentierhaltung und Fließbandschlachtung gezeigt. Würden Sie auf den Einkauf von Fleisch- und Wurstwaren verzichten oder die Botschaft des Filmes ausblenden wie Raucher die Warnungen über die tödlichen Folgen des Rauchens ignorieren?

- Den ökologischen und sozialen Bedingungen bei der *Herstellung von schadstofffreier Kleidung* ist der Vorrang vor modischen Trends und niedrigen Herstellungskosten und Verkaufspreisen geben. Die Verbraucher machen sich mit den ökologischen und sozialen Qualitäten vertraut, die den Kauf von Produkten mit Öko-Siegeln nicht nur bei Lebensmitteln, sondern auch bei Kleidungsstücken, Möbeln, Baustoffen etc. rechtfertigen. (Jakubowicz 2002, S. 209)

- Die *Rolle der Massenmedien*, besonders die des Fernsehens, zu hinterfragen und auf die Banalität stundenlangen Fernsehkonsums zu verzichten, wird als eine wichtige Etappe auf dem Weg zu einem persönlich einfachen Lebensstil gesehen. Zu gering ist die Anzahl der Sendungen, die sich für eine bessere Welt, humanistische Werte und die Verwirklichung der Ziele der Nachhaltigkeit engagieren. Hinzu kommt die Abkehr von repetitiven Freizeitaktivitäten, die passiv machen und die Eigenaktivität einschränken. Der Überschüttung mit Botschaften durch Werbeträger kann durch ein bewusst auswählendes Vorgehen begegnet werden, das etwa auf die Durchsicht von Werbeprospekten verzichtet, die ohnehin nur die Funktion haben, Bedürfnisse zu wecken und zum Kaufen zu verleiten.
- Erforderlich sind „geistige Alternativen und Kraftquellen", die „für Abstand von der alltäglichen Reizüberflutung, von Hektik und Stress" sorgen. Übungen, die Körper, Geist und Seele (z. B. Yoga, Meditation, Gebet, Autogenes Training, usw.) fördern, sind zu kultivieren. (Jakubowicz 2002, S. 211)
- Die *Bedeutung nichtmaterieller Werte* wird im Verhalten der Ehrfurcht vor allem Lebenden, in der Achtsamkeit in den zwischenmenschlichen Beziehungen und der Entfaltung der Kreativität, Glücksfähigkeit und Lebensfreude zur Geltung gebracht. Schließlich gilt als erstrebenswert, anstelle Besitz und Geld zu vermehren, nach einem Mehr auf der geistigen und seelischen Ebene zu streben.
- Insgesamt gilt als *Leitidee für einen nachhaltigen Lebensstil* in Bezug auf die Umwelt und Mitwelt nicht lediglich weniger schädlich sein zu wollen, sondern sich so in die Naturzusammenhänge zu integrieren, dass weder Schadstoffe in die Umwelt entlassen werden, noch Verwüstungen und Erosionen des Bodens durch Ackerbau und Tierhaltung entstehen. Diese Idee steht für eine Lebensweise, in der es keinen Müll mehr gibt, der nicht innerhalb kurzer Zeit in den natürlichen Stoffkreislauf ohne Folgen für Natur und Mensch zurückkehrt. (Braungart und McDonough 2003)
- Bisher etablierte soziale Strukturen, die Nachhaltigkeit stützen, sind zum Beispiel mit Handlungsprogrammen wie der *Agenda 21* und den entsprechenden lokalen Agenden verbunden. Zu nennen sind auch praktische Aufklärungs- und Gestaltungsansätze, die mit der UN-Dekade *Bildung für nachhaltige Entwicklung* (2005 bis 2014) gegeben sind. Hinzu kommen Netzwerke und Initiativen von unten, die von den Akteuren in ihrer Lebenswelt begründet worden sind. So gesehen ist unterhalb der Gesellschaft der Konsumenten eine Alternativgesellschaft entstanden, die eigene Netze und Initiativen, Einkaufsgemeinschaften, Tauschringe und Umsonstläden sowie eigene mit dem Euro konvertible Regionalwährungen beinhaltet. Diese Initiativen bilden eine derzeit subdominante Infrastruktur, die weiter ausbaufähig ist.

Epilog: Das Ende des Konsumismus

Ziel dieses Buches ist gewesen, Hintergründe und Folgen des Konsumismus sowie das ihm gegenüber spürbare Unbehagen aufzuarbeiten und zu einer Alternative beizutragen, die nicht von außen gegen den Konsumismus gesetzt ist, sondern im Konsumismus entsteht, an seinen inneren Widersprüchen ansetzt und ihn nicht nur theoretisch, sondern auch in einer alternativen Lebensweise ad absurdum führt.

Der Konsumismus und seine Folgen sind mit einem mehrfachen Unbehagen verbunden, das aus gesellschaftlichen Widersprüchen hervorgeht, die innerhalb konsumistischer Gesellschaftsstrukturen nicht lösbar sind, und bei den meisten Konsumenten nicht zu einer Entscheidung gegen ihn führt. Dieses Unbehagen wird von Menschen erlebt und ausgedrückt, zum Beispiel in der Sorge um die Folgen der konsumistischen Lebensweise in der Ökologie oder in der Betroffenheit durch eine Müllverbrennungsanlage am eigenen Wohnort. Pointiert formuliert: das Unbehagen ist eine Antwort des Individuums auf das, was ihm angetan wird. So gesehen kann die Lösung nur von den Individuen ausgehen, die ihr Unbehagen aus der Ambiguität zur Entscheidung bringen und die Dynamik des Konsumismus außer Kraft setzen.

Die Fragen, wie sich in der gegebenen epochalen Situation eine Änderung der Lebensstile im Sinne einer nachhaltigen Konsumorientierung vollziehen kann und welches die Wege und Schritte zu einer entsprechenden Lebensweise sind, lassen sich in letzter Konsequenz nur im alltäglichen Handeln praktisch beantworten. Sie bedürfen aber struktureller Unterstützung durch die Bildung neuer kommunitärer Sozialformen und nachhaltiger Produktionsweisen.

Der Konsumismus als eine Vermittlungsstruktur zwischen der ökonomischen Basis der Gesellschaft und dem subjektiven Wirklichkeits- und Selbsterleben veranlasst die Menschen, die kulturellen Selbstverständlichkeiten des Konsums zu befolgen. Der damit ausgeübte Zwang, den gesellschaftlichen Erwartungen zu entsprechen, wird subjektiv nicht als Gewalt und Herrschaft erlebt, sondern scheinbar

© Springer Fachmedien Wiesbaden 2016
B. Bierhoff, *Konsumismus*, essentials, DOI 10.1007/978-3-658-12223-2_12

freiwillig betrieben. Folge ist eine weitgehende Entfremdung in der Lebensführung in allen Lebensbereichen. Diese Entfremdung zeigt sich auch darin, dass sich Konsumismus und umweltbewusstes Handeln weitgehend ausschließen und eine Kluft zwischen Umweltbewusstsein und umweltbewusstem Handeln besteht. Es kommt in der Folge lediglich zu halbherzigen Entscheidungen der Lebensführung, wie sie auch von der Lebensstilgruppe der LOHAS praktiziert werden. Ein „rettender gesellschaftlicher Wandel" (Rudolf Bahro) deutet sich zwar an, seine Tendenzen sind aber bislang noch ohne Durchschlagskraft. Oft wird gegen die Moral des Konsumismus das Ziel eines humanisierten Konsums gesetzt, der sich auf universale ethische Normen verpflichtet. Solche Versuche führen zu präskriptiven Aussagen wie: „Die Würde des Menschen sollte den Vorrang haben vor dem Anstacheln des Konsums in einem Maße, dass Menschen schließlich mehr wollen, als sie wirklich brauchen." (Sivaraksa 1995, S. 120) Es erscheint jedoch nicht leicht, trotz der heute verbreiteten Akzentuierung postmaterieller Bedürfnisse, der Macht des Konsumismus und des Materialismus zu widerstehen. Wer in seiner Bedürfnisstruktur und seinem Bewusstsein konsumistisch vereinnahmt ist, kann nur Angst vor dem Verlust des alltäglichen Konsums entwickeln, ohne den Mut, einschränkenden, krankmachenden und sozial entwürdigenden Lebensverhältnissen konfrontativ entgegenzuwirken. In ein einfaches Leben einzutreten und die Erfahrung zu machen, dass der Abschied vom Überkonsum Chancen für Selbstentfaltung, inneren Reichtum und Beziehungsreichtum bietet, ist ein längerer Lernprozess, in dessen Verlauf die Fähigkeit zur Empathie sich im „Biosphärenbewusstsein" ausweitet (Rifkin 2010, S. 417 ff.). Dieses Bewusstsein mit der ihm zugrunde liegenden Empathie müsste stärker werden als der Ökonomismus mit seiner wirtschaftlichen Effizienz. Aus lebensdienlichen Gründen kann es nur das Primat der Ökologie geben. Dass die Ökonomie nicht die Bereitschaft zeigt, sich der Ökologie unterzuordnen, zeigt die prinzipielle Unversöhnlichkeit von kapitalistischer Ökonomie und Ökologie.

Kritische Stellungnahmen zur Konsumgesellschaft sind oft von einem Unbehagen durchsetzt, in dem sich die Ambivalenz des Konsumenten widerspiegelt, der seine Existenz auf dem Markt kauft und durch die Art seiner Bedürfnisbefriedigung seine Integrität gefährdet oder sich selbst verletzt. Diese Ahnung selbstschädigender Aktivitäten, die ihre Wirkungen weit über den persönlichen Lebenskreis entfalten, mag ein Indikator für ein neues Bewusstsein sein, das die Grundlage für die Transformation in eine „empathische Zivilisation" (Jeremy Rifkin) bietet. Im Zuge dieser Transformation verändert sich auch der Blick auf die Geschichte. Die herkömmliche Geschichtsschreibung beschränkte sich im Allgemeinen auf Phänomene, die mit der „Pathologie der Macht" zusammenhängen; hingegen waren in anthropologischer und historischer Hinsicht die „empathische Veranlagung des Menschen", seine Liebe und sein Mitgefühl nur am Rande berücksichtigt (Rifkin 2010, S. 20 ff.). Heute beinhaltet der epochale Trend jedoch eine Ausdehnung und Steigerung des entstandenen empathischen Bewusstseins, das sich reflexiv verstärkt. Damit bekommt die Idee des *Homo integralis* einen neuen Anschub. Von dieser Idee geht die Anregung aus, den Blick auf die ausgleichenden und fördernden Kräfte in den menschlichen Beziehungen zu richten, statt vorrangig die destruktiven Prozesse im Konsumismus zu fokussieren. Die menschlichen Bindungen mit Empathie, Liebe und Fürsorge sowie Glückserleben sind das große Potenzial für einen Ausstieg aus dem Konsumismus und den Aufbau einer empathischen Zivilisation.

Wenn man den Konsumismus überwinden will, reicht es nicht, eine moralisch motivierte Kritik an umweltzerstörerischen Exzessen der Produktion und Konsumtion zu leisten. Vielmehr muss man nach den Folgen des Konsumismus fragen und dabei auch auf die menschliche Verfassung, die *conditio humana*, zurückgreifen. Ist die menschliche Natur für beliebige Formen der Vergesellschaftung offen oder gibt es Formen, die für die Entfaltung der menschlichen Potenziale günstiger sind als andere? Ist der Konsumismus mit seiner Gier und Verschwendung eine in der menschlichen Natur angelegte Notwendigkeit oder handelt es sich bei dieser Lebensform um eine spezifische Entgleisung und Verformung menschlicher Möglichkeiten? Die im Konsumismus realisierten menschlichen Bedürfnisse und Wünsche stellen zweifellos eine gesellschaftsspezifische Möglichkeit der Lebensgestaltung dar. Auch wenn diese Lebensform uns selbstverständlich erscheint, sich weltweit auf alle Kulturen übertragen will und diese überwuchert, ist sie doch hinsichtlich ihrer Legitimität zu hinterfragen. Auch muss sie sich der Anfrage stellen, ob sich Menschen – abgesehen von dem globalen Zerstörungspotenzial für alle anderen Kulturen – durch die konsumistische Gestaltung ihres Lebens nicht selbst verletzen, also um Entwicklungs- und Wachstumschancen bringen.

Nach Freuds *Unbehagen in der Kultur* sind mit der Intensivierung zivilisatorischer Tendenzen, die Triebenergien für kulturschaffende Leistungen freisetzen, Glücksansprüche reduziert worden. Im Konsumismus ist eine relative Glücksarmut entstanden. Frage ist, ob es sich hier um einen zeitgeschichtlich temporären Widerspruch handelt oder dieser universal ist. Inwieweit ist kultureller Fortschritt durch Repression erzwungen oder auch in Strukturen freiwilligen Verzichts und einer Entfaltungsdynamik der menschlichen produktiven Kräfte entstanden? Sind im Konsumismus schon Kräfte und Gegentendenzen realisiert, die auf eine reichere und befriedigendere Form der Lebensführung verweisen, die einem Sprung in ein integrales und empathisches Bewusstsein gleichkommt? Lassen sich auf einer solchen anthropologischen Grundlage des Bewusstseinswandels Auswege aus dem Konsumismus erkennen?

Der Güterwohlstand des 20. Jahrhunderts erscheint als ein Betrug an den Menschen, die aus anthropologischen Gründen an ihrem Glücksanspruch festhalten. Sie werden so vom System formiert, dass sie zugunsten konsumistischer Befriedigung auf die Bildung komplexer wachstumsorientierter Bedürfnisse verzichten, ja gar

nicht merken, dass es diese Dimension der Bedürfnisdifferenzierung gibt. Sie werden im Hamsterrad des alltäglichen Konsum festgehalten und praktizieren als Lö-
sungsversuch ihrer Langeweile, Depressivität und Glücksarmut immer wieder eine
Steigerung konsumistischer Befriedigungen bei gleichzeitiger Vernachlässigung
immaterieller Bedürfnisse. Dabei merken sie nicht, wie sie in ihrer Funktion als
Konsumenten entmündigt und diszipliniert werden und lediglich auf die Aufrechterhaltung einer ökonomischen und gesellschaftlichen Ordnung verpflichtet werden, die auf Massenproduktion gründet. Die vielen Gratifikationen, die das System
für die Indienstnahme menschlicher Wesenskräfte kompensatorisch bereitstellt,
können nur enttäuschen, da sie den Menschen innerlich weder reich machen noch
ihn seinem menschlichen Vermögen näherbringen. Gleichzeitig werden die Kräfte
der Selbsterkenntnis geschwächt und Selbsttäuschungen vermittelt, die es schwer
machen, die manipulativen Mechanismen der Freizeit- und Bewusstseinsindustrie
in der konsumorientierten Lebensweise zu durchschauen. Je mehr dem Konsumismus „Freiheit" attestiert wird, umso schwerer wiegt die Täuschung, die einen Ausbruch aus der Konsumhörigkeit kaum zulässt. Dabei ist es auch die Angst, aus der
Konsumgesellschaft exkludiert zu werden, die die Menschen in einer Lähmung
und regressiven Selbstversicherung im scheinbaren Wohlstand festhält.

Die Verteidigung des Konsumismus in der Anlehnung an Norbert Bolz hält etwa
„das Konzept der Selbsterschaffung durch Konsum" für „eine emanzipatorische
Errungenschaft des postmodernen Subjekts". Die durch Marketing geschaffenen
immateriellen „Imagebotschaften und Identitätsstiftungen" führten zu „individuellen Geschmacksentscheidungen", die eine „sehr friedliche Art der Selbstfindung"
seien, die allerdings sehr schnell zu einem „rasenden Aufruhr" im Inneren des
Konsumenten führt und ihn veranlassen, diese kompensatorisch „mit einer ausge-
dehnten Einkaufstour (zu) befrieden" (http://blog.tagesanzeiger.ch/blogmag/index.
php/39013/kaufen-und-frei-sein/ – Zugriff am 1.10.2015).

Der Weg aus dem Konsumismus kann nicht allein aus der Überwindung der
konformen Konsumentenrolle hin zu einem reflektierten Gebrauch der Lebensmittel und Mittel der Lebensführung resultieren. Letztlich geht es um die Neuorga-
nisation des gesamten gesellschaftlichen Lebens in einer Kultur und Ökonomie,
die dem Gemeinwohl verpflichtet ist. Hier sind auch die Bereiche der Arbeit und
Erziehung zu beachten, die die Basis für gesellschaftliche Teilhabe durch Sozialisation bilden und die produktiven Kräfte der Menschen fördern. Wenn die Arbeit
als Lohnarbeit nicht mehr das Leben mit Sinn erfüllen kann, können andere sinnhafte Aktivitäten im Gemeinwesen an die Stelle der Lohnarbeit treten. Mit der Ab-
sicherung dieser Aktivitäten durch ein bedingungsloses Transfereinkommen lie-
ßen sich neue kommunitäre Haltungen jenseits von Duckmäusertum, Subalternität,
Konformismus und Faulheit unterstützen, die zur Lebensqualität führen, statt den

Lebensstandard lediglich quantitativ zu steigern. Das Konzept des bedingungslosen Grundeinkommens (vgl. Bierhoff 2013a), das seit Jahren kontrovers diskutiert wird, eröffnet Perspektiven der Überwindung belastender Arbeitslosigkeit und gefühlter Überflüssigkeit.

Die UN-Klimakonferenz in Paris, die im Dezember 2015 stattgefunden hat, sollte mit neuen verbindlichen Klimazielen für den Zeitraum ab 2020 das Kyoto-Protokoll von 1997 ablösen. Das Klimaschutzabkommen sollte Weichen für eine Begrenzung der globalen und in einigen Regionen der Welt besonders spürbaren Folgen des auf fossilen Energien gründenden Industrie- und Konsumkapitalismus stellen. Es war abzusehen, dass neue Klimaziele wie die drastische Reduktion des CO_2-Ausstoßes erhebliche Konsequenzen für die nationalen Volkswirtschaften, die Lebensstile und die Weltwirtschaftsordnung mit sich bringen. Mit dem Klimawandel sind u.a. Fragen der sozialen Gerechtigkeit und der Lebensführung verknüpft. Letztlich ist ein radikaler Umbau des Industrialismus und Konsumkapitalismus gefordert. In den Massenmedien hat der Klimawandel eine deutliche Aufmerksamkeit erfahren, wie kaum in den Jahren zuvor. Die Bevölkerungen dürften inzwischen auf durchgreifende soziale Veränderungen eingestimmt sein. Auch die vielen heimatlosen Menschen, die aus Kriegsgebieten nach Europa drängen und nach Asyl suchen, werden die westlichen Gesellschaften grundlegend verändern. Weitere Einwanderungswellen werden Klimaflüchtlinge in die gemäßigten Klimazonen führen. Die Schätzungen der seit 1951 bestehenden IOM (Internationale Organisation für Migration) gehen dahin, das in den nächsten Jahrzehnten 200 Millionen Klimaflüchtlinge zu erwarten sind (vgl. http://www.spiegel.de/wirtschaft/soziales/reinhard-loske-ueber-wachstum-nur-arme-staaten-sollten-wachsen-a-1063567.html – Zugriff am 1.12.2015). Militärische Horrorszenarien mit befestigten Grenzanlagen gegen heimatsuchende Menschen sind nicht als absurd auszuschließen. Entweder gelingt es, erdumspannend die Grundlagen für eine empathische Zivilisation zu schaffen, wie sie von Jeremy Rifkin gefordert wird, oder ein Niedergang der industriellen Zivilisationen mit einem weltweiten Strudel exterministischer Folgen wird eingeleitet. Derzeit lassen sich neue Bündnislinien einer globalen Rettungspolitik mit einer breiten Front von Menschen und Institutionen ausmachen. Im Christentum wird der Auftrag, „macht euch die Schöpfung untertan", auf eine neue nachhaltige Weise definiert. Es geht um die Bewahrung der Schöpfung im Sinne der biologischen Vielfalt, um die Achtung der Menschenwürde, soziale Gerechtigkeit, Gleichheit, Brüderlichkeit und Mäßigung. Strukturell geboten ist der Umbau der Wirtschaft mit einem kontrollierten Schrumpfungsprozess in den Industrieländern sowie einem regional beschränkten Wirtschaftswachstum in den weniger entwickelten Ländern, mit dem die Armut bekämpft und soziale Gerechtigkeit und Lebensqualität verankert werden kann. Die Transformation der global vernetzten Volkswirtschaften in sog. Postwachstumsgesellschaften ist weltverträglich nur auf der Basis von Lebensqualität im Sinne eines „nachhaltigen Wohlstands" (Duane Elgin) denkbar, in welchem empathische und solidarische menschliche Beziehungen sowie sinnhafte produktive Tätigkeiten im Gemeinwesen für einen nationalen Glücksindex zentral sind.

Was Sie aus diesem Essential mitnehmen können

- Wie der Konsumismus aus dem Wohlstandsdenken entstanden ist
- Welche gesellschaftlichen Notwendigkeiten er erfüllt
- Wie er die Bedürfnisse der Menschen als Konsumenten verändert
- An welche Grenzen er stößt und welche Alternativen es gibt

© Springer Fachmedien Wiesbaden 2016
B. Bierhoff, *Konsumismus,* essentials, DOI 10.1007/978-3-658-12223-2

Literatur

Adler, Frank, und Ulrich Schachtschneider. 2010. *Green New Deal, Suffizienz oder Öko-sozialismus? Konzepte für gesellschaftliche Wege aus der Ökokrise.* München: oekom verlag.

Antonovsky, Aaron. 1997. *Salutogenese. Zur Entmystifizierung der Gesundheit.* Tübingen: oekom verlag.

Bahro, Rudolf. 1977. *Die Alternative.* Köln: Bund-Verlag.

Bahro, Rudolf. 1977a. *Eine Dokumentation.* Köln.

Bahro, Rudolf. 1990. *Logik der Rettung. Wer kann die Apokalypse aufhalten? Ein Versuch über die Grundlagen ökologischer Politik.* Berlin.

Bahro, Rudolf. 1997. Die Idee des Homo integralis – oder ob wir eine neue Politeia stiften können. *Aletheia. Neues Kritisches Journal der Philosophie, Theologie, Geschichte und Politik* 11/12: 8–15.

Barber, Benjamin R. 2007. *Consumed! Wie der Markt Kinder verführt, Erwachsene infantilisiert und die Bürger verschlingt.* München: H.C. Beck.

Bauman, Zygmunt. 2009. *Leben als Konsum.* Hamburg: Hamburger Edition.

Bierhoff, Burkhard. 2002. Das Unbehagen im Konsumismus. In *Erich Fromm als Vordenker. „Haben oder Sein" im Zeitalter der ökologischen Krise,* Hrsg. Marko Ferst, 57–74. Berlin: Edition Zeitsprung.

Bierhoff, Burkhard 2006. Vom Homo consumens zum Homo integralis. In *Integration. Natur - Kultur - Mensch. Ansätze einer kritischen Human- und Sozialökologie,* Hrsg. Maik Hosang und Kurt Seifert, 109–117. München: oekom verlag.

Bierhoff, Burkhard. 2013a. Arbeit im Wandel. Zur Begründung eines bedingungslosen Grundeinkommens. In *Humanismus in der Postmoderne. Rainer Funk zum 70. Geburtstag,* Hrsg. Helmut Johach und Burkhard Bierhoff, 259–283. Pfungstadt: Intern. Erich-Fromm-Gesellsch.

Bierhoff, Burkhard. 2013. Wohlstand und Bildung im Wandel. Ein Plädoyer für die Befreiung vom Konsumismus. In *Sozialpsychologie des Kapitalismus. Zur Aktualität Peter Brückners,* Hrsg. Klaus-Jürgen Bruder, Christoph Bialluch, und Benjamin Lemke, 367–386. Gießen: Psychosozial-Verlag.

Bolz, Norbert. 2002. *Das konsumistische Manifest.* München: Wilhelm Fink.

Braungart, Michael, und William McDonough. 2003. *Einfach intelligent produzieren.* Berlin: Berlin Verlag Taschenbuch.

© Springer Fachmedien Wiesbaden 2016
B. Bierhoff, *Konsumismus,* essentials, DOI 10.1007/978-3-658-12223-2

Brückner, Peter. 1973. *Freiheit, Gleichheit, Sicherheit. Von den Widersprüchen des Wohlstands*. Frankfurt a. M: Fischer Verlag.

Brückner, Peter. 1978. *Versuch, uns und anderen die Bundesrepublik zu erklären*. Berlin: Klaus Wagenbach.

Brückner, Peter, und Alfred Krovoza. 1972. *Staatsfeinde. Innerstaatliche Feinderklärung in der BRD*. Berlin: Klaus Wagenbach.

DeMause, Lloyd. 2005. *Das emotionale Leben der Nationen*. Klagenfurt: Drava Verlag.

Diamond, Jared. 2005. *Kollaps. Warum Gesellschaften überleben oder untergehen*. Frankfurt a. M: S. Fischer Verlag.

Elgin, Duane. 1993. *Voluntary simplicity. Toward a way of life that is outwardly simple, inwardly rich*. New York: Morrow.

Elgin, Duane. 2004. *Ein Versprechen für die Zukunft. Eine hoffnungsvolle Vision für das Fortbestehen unseres Planeten*. Bielefeld.

Erhard, Ludwig. 1962. *Wohlstand für alle, bearbeitet von Wolfram Langer* [1. Aufl. 1957]. Gütersloh: Signum Verlag.

Etzioni, Amitai. 1995. *Die Entdeckung des Gemeinwesens. Ansprüche, Verantwortlichkeiten und das Programm des Kommunitarismus*. Stuttgart.

Forrester, Viviane. 1997. *Der Terror der Ökonomie*. Wien: Paul Zsolnay Verlag.

Fromm, Erich. 1999. *Gesamtausgabe (GA) in 12 Bänden*, Hrsg. von Rainer Funk. Stuttgart.

Fromm, Erich 1955a. Wege aus einer kranken Gesellschaft. *GA* IV: 1–254.

Fromm, Erich. 1965c. Die Anwendung der humanistischen Psychoanalyse auf die marxistische Theorie. *GA* V: 399–411.

Fromm, Erich. 1966c. Psychologische Aspekte zur Frage eines garantierten Einkommens für alle. GA V: 309–316.

Fromm, Erich. 1968a. Die Revolution der Hoffnung. *GA* IV: 255–377.

Fromm, Erich. 1976a. *Haben oder Sein. Die seelischen Grundlagen einer neuen Gesellschaft*. GA II: 269–414.

Gebser, Jean. 1999. *Gesamtausgabe. Bd. V/II: Vorlesungen und Reden zu Ursprung und Gegenwart*. Schaffhausen: Novalis Verlag.

Gorz, André. 1990. *Kritik der ökonomischen Vernunft. Sinnfragen am Ende der Arbeitsgesellschaft*. Berlin.

Gregg, Richard B. 1936. *The value of voluntary simplicity*. Wallingford: Pendle Hill. Republished electronically: 2004.

Grunwald, Armin. 2012. *Ende einer Illusion. Warum ökologisch korrekter Konsum uns nicht retten wird*. München.

Grunwald, Armin, und Jürgen Kopfmüller. 2012. *Nachhaltigkeit*. 2., aktualisierte Auflage. Frankfurt a. M.: Campus.

Hawken, Paul, Amory Lovins, und Hunter Lovins. 2000. *Öko-Kapitalismus. Die industrielle Revolution des 21. Jahrhunderts*. München: Riemann.

Hochstrasser, Franz. 1995. *Konsumismus und Soziale Arbeit. Ein Essay*. Bern: Haupt Hock.

Illich, Ivan. 1980. *Selbstbegrenzung. Eine politische Kritik der Technik. „Tools for Conviviality"*. Reinbek b. Hamburg.

Jakubowicz, Dan. 2002. *Genuss und Nachhaltigkeit. Handbuch zur Veränderung des persönlichen Lebensstils*. Wien: Promedia.

Jensen, Derrick. 2008. *Endgame. Zivilisation als Problem*. München: Pendo.

Jensen, Derrick. 2009. *Das Öko-Manifest. Wie nur 50 Menschen das System zu Fall bringen und unsere Welt retten können* (Endgame II). München: Pendo.

Latouche, Serge. 2004. *Die Unvernunft der ökonomischen Vernunft. Vom Effizienzwahn zum Vorsichtsprinzip.* Zürich: Diaphanes.

Marcuse, Herbert. 1965. *Triebstruktur und Gesellschaft. Ein philosophischer Beitrag zu Sigmund Freud.* Frankfurt a. M.: Suhrkamp.

Mumford, Lewis. 1980. *Mythos der Maschine. Kultur, Technik und Macht.* Frankfurt a. M.: Fischer.

Nair, Chandran. 2011. *Der große Verbrauch. Warum das Überleben unseres Planeten von den Wirtschaftsmächten Asiens abhängt.* München: Riemann.

Pasolini, Pier Paolo. 1975. *Freibeuterschriften. Die Zerstörung der Kultur des Einzelnen durch die Konsumgesellschaft.* Berlin: Verlag Klaus Wagenbach.

Ray, Paul H., und Sherry Ruth Anderson. 2000. *The cultural creatives. How 50 million people are changing the world.* New York: Harmony Books.

Rifkin, Jeremy 2000. *Access. Das Verschwinden des Eigentums.* Frankfurt a. M.: Campus.

Rifkin, Jeremy. 2010. *Die empathische Zivilisation. Wege zu einem globalen Bewusstsein.* Frankfurt a. M.: Campus.

Scherhorn, Gerhard. 1994. Konsum als Kompensation. In *Konsumrausch. Der heimliche Lehrplan des Passivismus,* Hrsg. K.-J. Reinbold, 7–41. Freiburg i.br.: AGJ-Verlag.

Schneider, Norbert F. 2000. Konsum und Gesellschaft. In *Konsum. Soziologische, ökonomische und psychologische Perspektiven,* Hrsg Doris Rosenkranz und Norbert F Schneider, 9–22. Opladen: Leske und Budrich.

Schumacher, Ernst F. 2001. *Small is Beautiful. Die Rückkehr zum menschlichen Maß.* 3. Aufl. Bad Dürkheim: Stiftung Ökologie & Landbau [Originalausgabe 1973].

Sinus-Milieus® in Deutschland. 2011. http://www.sinus-institut.de/loesungen/sinus-milieus.html. Zugegriffen: 1. April 2013.

Sivaraksa, Sulak. 1995. *Saat des Friedens. Vision einer buddhistischen Gesellschaftsordnung.* Braunschweig: Aurum.

Stein, Ludwig. 1897. *Die soziale Frage im Lichte der Philosophie.* Stuttgart: oekom verlag.